Kornelia Schneider

AF191694

Traumrasse

BurmaKatze

Bibliografische Information der Deutschen Nationalbibliothek
Die Deutsche Nationalbibliothek verzeichnet diese Publikation in der Deutschen Nationalbibliografie,
detaillierte bibliografische Daten sind im Internet über http://dnb.d-nb.de abrufbar

In diesem Buch nutzen wir manchmal geschlechtsneutrale Begriffe, um den Text flüssiger und leichter lesbar zu gestalten. Das bedeutet jedoch nicht, dass wir die Bedeutung des Geschlechts ignorieren oder herabsetzen. Wir erkennen und schätzen die Vielfalt und Einzigartigkeit jedes Einzelnen. In Fällen, in denen eine geschlechtsspezifische Differenzierung für das Verständnis wichtig ist, haben wir diese beibehalten. Bitte verstehen Sie diese vereinfachte Sprache als Teil unseres Bestrebens, das Lesen für alle so angenehm wie möglich zu gestalten. Danke, dass Sie ein Teil unserer Lese-Community sind.

1. Auflage September 2024

Haftungsausschluss
Alle Angaben in diesem Buch wurden sorgfältig recherchiert, sie erheben aber keinen Anspruch auf Vollständigkeit oder frei von Fehlern zu sein. Die aufgeführten Inhalte dienen der allgemeinen Information, im Einzelfall sind sie keineswegs geeignet, auf eine individuelle Beratung oder einen Tierarztbesuch zu verzichten. Insbesondere können weder Autor noch Herausgeber oder Verlag eine Haftung für Schäden oder Verluste übernehmen, die dem Leser dadurch entstehen könnten, dass er ausschließlich auf eine Information vertraut, die er diesem Buch entnimmt.

Die Wiedergabe von Gebrauchsnamen, Handelsnamen, Warenbezeichnungen usw. in diesem Werk berechtigt auch ohne Kennzeichnung nicht zu der Annahme, dass solche Namen im Sinne der Warenzeichen- und Markenschutzgesetzgebung als frei zu betrachten wären und daher von jedermann benutzt werden dürften.

Verlag: BoD • Books on Demand GmbH, In de Tarpen 42, 22848 Norderstedt
Druck: Libri Plureos GmbH, Friedensallee 273, 22763 Hamburg
ISBN: 978-3-7597-8849-8

Bildnachweis:
Cover und Fotos im Buch: adobe stock, Pixabay, Wikipedia, Ki-generiert
Illustrationen im Buch: adobe stock - Igor Zakowski, adobe stock - ilyakalinin

Inhaltsverzeichnis

Liebe Leserinnen und Leser,

Als ich begann, diesen Ratgeber zu schreiben, fühlte es sich an, als würde ich eine Ode an einen treuen Begleiter verfassen, der über die Jahre zu
einem unverzichtbaren Teil meines Lebens geworden ist. Mein Herz schlägt
für eine außergewöhnliche Katzenrasse, die mir unendliche Freude bereitet
und deren anmutiges Erscheinungsbild sowie ihr liebevolles Wesen mich
immer wieder aufs Neue faszinieren:

Die Burmakatze, auch bekannt als die Seele mit Samtpfoten.

Vielleicht fragen Sie sich, was mich so an diesen eleganten und charmanten
Tieren begeistert.

Es ist ihre sanfte Schönheit, ihre unerschütterliche Zuneigung und ihre loyale Art, die mich immer wieder in ihren Bann ziehen.

Burmakatzen mögen für ihr glänzendes, seidiges Fell bekannt sein, aber ihr Herz und ihre Liebe sind grenzenlos. Sie bringen Wärme und Geborgenheit in das Zuhause und verwandeln jeden Tag in ein ruhiges, aber erfülltes Erlebnis.

Mit diesem Ratgeber lade ich Sie ein, die wunderbare Welt der Burmakatze zu entdecken. Sie werden tiefe Einblicke in ihre Ursprünge, ihre Geschichte und die charakteristischen Eigenschaften erhalten, die die Burmakatze so einzigartig machen. Ich führe Sie durch die ersten Schritte, wie Sie eine Burmakatze bei sich aufnehmen, erziehen und pflegen können, mit speziellem Fokus darauf, wie Sie durch gezielte Interaktion und Zuwendung eine innige Bindung zu Ihrem außergewöhnlichen Begleiter aufbauen.

Das Buch behandelt auch das Zusammenleben mit Kindern und gibt nützliche Tipps für die harmonische Eingliederung der Burmakatze in den Familienalltag. Erfahren Sie alles über eine rassengerechte Ernährung, besondere Pflegeanforderungen und gesundheitliche Überlegungen, die bei dieser besonderen Rasse beachtet werden müssen.

Egal, ob Sie bereits das Glück haben, eine Burmakatze zu besitzen, oder ob Sie darüber nachdenken, eine in Ihr Leben zu holen, dieser Ratgeber bietet Ihnen umfassende Informationen und Einblicke, die Ihr Zusammenleben mit diesem faszinierenden Tier bereichern.

Dieses Buch richtet sich ausdrücklich nicht an erfahrene Züchter oder Rassekenner, sondern speziell an diejenigen, die sich erstmals mit der Burmakatze auseinandersetzen und vielleicht sogar noch grundlegendes Wissen zur Katzenhaltung suchen.

Mit „Traumrasse: Burmakatze" erhalten Sie mehr als nur einen Leitfaden. Es ist eine Hommage an eine Rasse, die nicht nur durch ihr sanftes Aussehen, sondern auch durch ihre einfühlsame Persönlichkeit und ihren Charakter beeindruckt.

Tauchen Sie ein in die zauberhafte Welt der Burmakatze und erleben Sie die Welt aus der Perspektive dieser außergewöhnlichen, liebevollen Schönheiten.

Ich wünsche Ihnen ein inspirierendes und bereicherndes Leseerlebnis!
Ihre Kornelia Schneider & Team

Zum Einstieg ein paar Worte an Sie.

Dieses Buch entstand aus tiefer Liebe und sorgfältiger Planung, um sowohl versierten Katzenhaltern als auch Einsteigern in der Welt der Katzen einen unentbehrlichen Ratgeber zur Seite zu stellen.

Ganz gleich, ob Katzen schon lange Teil Ihres Lebens sind oder Sie zum ersten Mal eine flauschige Mitbewohnerin oder einen flauschigen Mitbewohner willkommen heißen, hier erwarten Sie wertvolle Erkenntnisse und Tipps.

Konzipiert ist dieses Werk so, dass es generelle Aspekte des Zusammenlebens mit einer Katze aufgreift und gleichzeitig auf die spezifischen Charakteristika der Burmakatze eingeht.

Jedes Kapitel eröffnet mit allgemeingültigen Tipps zu Ernährung, Erziehung, Pflege und Gesundheit.

Danach widmen wir uns den speziellen Anforderungen und Eigenschaften der Burmakatze.

Diese spezifischen Abschnitte bieten Ihnen vertiefte Einblicke und ausführlichere Informationen, zugeschnitten auf die einzigartigen Bedürfnisse und das Wesen dieser außergewöhnlichen Katzenrasse.

Egal, ob Sie sich gerade für die Burmakatze zu interessieren beginnen oder bereits ein erfahrener Begleiter dieser Rasse sind – dieses Buch ist darauf ausgelegt, Ihr Verständnis zu erweitern und Ihnen zu helfen, Ihre Katze noch besser zu verstehen.

Ich ermutige Sie, sich Zeit für die Lektüre zu nehmen. Lesen Sie das Buch von vorne bis hinten durch oder springen Sie direkt zu den Themen, die Sie besonders ansprechen.

Vergessen Sie dabei nicht, jede Katze ist ein Individuum mit eigenen Besonderheiten. Nutzen Sie dieses Buch als Wegweiser, aber vertrauen Sie auch auf Ihre Intuition und die Signale Ihrer Katze.

Ich wünsche Ihnen viel Vergnügen beim Lesen und Entdecken und vor allem ein erfüllendes Zusammenleben mit Ihrer Burmakatze.

Nun aber genug der Vorrede. Schlagen Sie die Seite um, und beginnen Sie mit uns die Reise in die wundervolle Welt der Katzen.

Sind Sie ein Katzenmensch?

Sind Sie ein Katzenmensch? Diese Frage mag auf den ersten Blick einfach erscheinen, doch sie enthält eine tiefere Bedeutung über die Verbindung zwischen Mensch und Katze.

Ein Katzenmensch zu sein, geht weit über die Vorliebe für diese eleganten, geheimnisvollen Tiere hinaus. Es spiegelt eine einzigartige Sichtweise auf das Leben und eine besondere Art der Kommunikation mit der Welt wider.

Katzenmenschen schätzen Unabhängigkeit – sowohl ihre eigene als auch die ihrer vierbeinigen Begleiter.

Sie bewundern die souveräne Art, mit der Katzen ihre Bedürfnisse kommunizieren, und die Selbstgenügsamkeit, mit der sie ihren Tag gestalten.

Die stille Präsenz einer Katze im Raum, ihr sanftes Schnurren oder die plötzliche Lust auf Spiel und Abenteuer können den Alltag bereichern und ihm eine besondere Qualität verleihen.

Wenn Sie Freude daran finden, das leise Tapsen auf dem Boden zu hören, wenn Sie die Geduld besitzen, das Vertrauen einer Katze zu gewinnen, und wenn Sie die kleinen Gesten der Zuneigung, die Katzen zeigen, zu schätzen wissen, dann sind Sie womöglich ein echter Katzenmensch.

Es ist die Fähigkeit, die subtilen Kommunikationssignale zu verstehen und zu respektieren, die eine tiefe Verbindung zwischen Katze und Mensch entstehen lässt.

Katzenmenschen erkennen, dass jede Katze eine eigene Persönlichkeit hat. Sie nehmen sich die Zeit, diese zu entdecken und zu fördern. Sie wissen, dass die Beziehung zu einer Katze auf Gegenseitigkeit beruht und dass Geduld und Verständnis Schlüssel zum Aufbau einer harmonischen Beziehung sind.

Zudem haben Katzenmenschen oft eine kreative und introspektive Ader. Sie finden Ruhe und Inspiration in der Gesellschaft ihrer katzenartigen Freunde. Die stille Beobachtung einer Katze, die in einem Sonnenstrahl döst oder die Welt durch das Fenster betrachtet, kann zu einem Moment der Reflexion und inneren Ruhe werden.

Wenn Sie sich in diesen Beschreibungen wiederfinden, wenn Sie das Mysterium und die Eleganz dieser Geschöpfe bewundern und wenn Ihr Herz bei dem Gedanken an ein schnurrendes Bündel auf Ihrem Schoß höher schlägt, dann ja, Sie sind wahrhaftig ein Katzenmensch.

Willkommen in einer Welt, die von Stille, Wärme und der unergründlichen Liebe dieser außergewöhnlichen Tiere geprägt ist.

10 fragen für eine gemeinsame Zukunft

- **Erlaubt Ihr Mietvertrag die Katzenhaltung?**
  Eine wichtige Frage, die Sie unbedingt vor der Anschaffung klären sollten, damit es nicht zur ungewollten Trennung kommt.

- **Können und wollen Sie Ihr neues Familienmitglied auf Dauer versorgen?**
  Eine Katze wird viele Jahre ein vollwertiges Mitglied Ihrer Familie sein. Sie braucht Zuwendung, Futter, Pflege und Gesundheits-Checks.

- **Wieviel Zeit haben Sie täglich für Ihr Tier?**
  Katzen die alleine sind und ggfs. auch nicht nach draußen können, langweilen sich und degenerieren. Jede Katze fordert Zeit und Zärtlichkeit.

- **Wer betreut Ihre Katze, wenn Sie nicht verfügbar sind?**
  Gibt es einen Menschen, der Ihr Tier im Urlaub oder sonst versorgt, wenn Sie verhindert sind? Können Sie sich auf diesen Menschen verlassen?

- **Gibt es Menschen mit Katzenallergie in Ihrem Haushalt?**
  Dann sollten Sie auf keinen Fall eine Katze anschaffen. Wenn ein Tier Sie krank macht, ist diese Beziehung zum Scheitern verurteilt!

- **Sind Sie bereit Gerüche hinzunehmen?**
  Katzen sind sehr saubere Haustiere - aber auch sie müssen mal aufs Klo und auch das Katzenfutter hat seinen ganz eigenen Geruch.

- **Sind Sie bereit Ihren Einrichtungsstil zu verändern?**
  Katzen streichen an den Ecken der Wände entlang, hinterlassen Spuren und kratzen auch schon mal am Sofa. So manche (giftige) Pflanze muss vielleicht entfernt und wackelige Gegenstände gesichert werden.

- **Kommen Sie mit den „Spuren", die eine Katze hinterlässt, zurecht?**
  Kratzer an der Tapete können ebenso vorkommen wie Krallenlöcher im Ledersofa. Haare werden Sie ganz sicher immer und überall vorfinden.

- **Ist Ihre ganze Familie mit der Anschaffung einverstanden?**
  Nur wenn alle Mitglieder Ihrer Familie mit der Anschaffung einverstanden sind, wird Ihr Kätzchen eine Bereicherung für Ihr Leben sein.

- **Sind Sie auch bereit Ihre Katze zu pflegen, wenn sie nicht mehr jung oder sogar krank ist?**
  Kranke und alte Katzen brauchen viel Zuwendung und bei ihnen kann es auch zu Unsauberkeiten kommen.

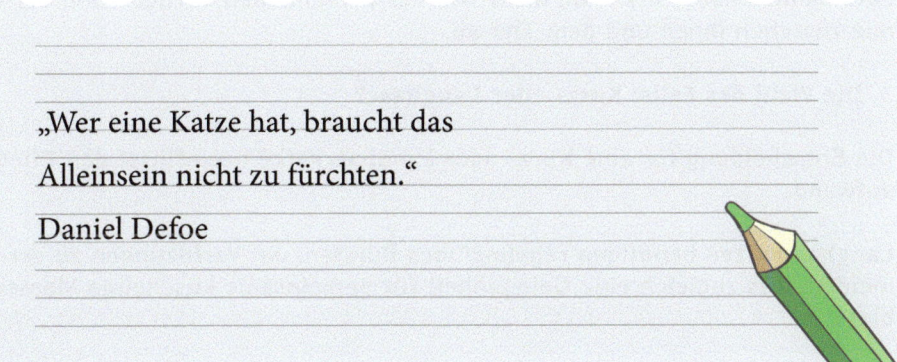

Ich brauch' kein Papier :-)

„Wer eine Katze hat, braucht das
Alleinsein nicht zu fürchten."
Daniel Defoe

Die Wahl der richtigen Katze ist eine Entscheidung, die wohlüberlegt sein will.

Neben der großen Freude, die ein pelziger Begleiter in Ihr Leben bringt, sind auch seine Bedürfnisse, sein Charakter und seine Pflege zu berücksichtigen.

Hier vertiefen wir die Überlegungen zu einigen Schlüsselfragen:

1. Einzelkatze oder ein Duo?

Eine Einzelkatze kann in einem ruhigen Haushalt gedeihen, besonders wenn die Besitzer genügend Zeit für Spiele und Interaktionen aufbringen können.

Beachten Sie jedoch, dass Katzen soziale Tiere sind und von der Gesellschaft anderer Katzen profitieren können. Ein Duo kann sich gegenseitig unterhalten und ist besonders dann zu empfehlen, wenn Sie längere Zeit außer Haus sind.

Wichtig ist, dass beide Katzen miteinander auskommen, daher ist eine gemeinsame Eingewöhnungszeit oder eine gleichzeitige Adoption von zwei verträglichen Tieren ideal.

2. Katze oder Kater – Eine Frage des Temperaments?

Während Kater für ihr verspieltes und manchmal dominantes Verhalten bekannt sind, gelten Katzen oft als unabhängiger und manchmal auch als launischer.

Diese Unterschiede können allerdings durch Kastration gemildert werden, die bei beiden Geschlechtern zu einem ausgeglicheneren Verhalten führen kann.

Letztendlich hängt die Wahl mehr von der persönlichen Vorliebe und der Chemie zwischen Ihnen und dem Tier ab.

3. Die Wahl des Fells: Kurz- oder Langhaar?

Die Entscheidung für eine Kurz- oder Langhaarkatze beeinflusst den Pflegeaufwand.

Langhaarkatzen benötigen regelmäßiges Bürsten, um Verfilzungen zu vermeiden, was zugleich eine Gelegenheit für gemeinsame kuschelige Momente bietet.

Kurzhaarkatzen sind generell pflegeleichter, erfordern aber auch regelmäßige Fellpflege.

Bei Allergien ist es wichtig zu wissen, dass die Haarlänge weniger ausschlaggebend ist als oft angenommen; vielmehr spielen die Hautschuppen der Katze eine Rolle.

4. Welches Alter passt zu Ihnen?

Kätzchen sind eine Energiequelle und erfordern viel Aufmerksamkeit, Erziehung und Geduld, während erwachsene Katzen bereits ihren Charakter entwickelt haben und oft weniger fordernd sind.

Ältere Katzen sind für viele eine Überlegung wert, da sie tendenziell ruhiger sind und es schwerer haben, adoptiert zu werden. Sie können eine wunderbare Ergänzung für Haushalte sein, die eine weniger energische Katze suchen.

Weitere Überlegungen:
Lebensstil und Wohnraum:

Ihr Lebensstil und die Größe Ihrer Wohnung oder Ihres Hauses spielen eine wichtige Rolle bei der Entscheidung.

Aktive Katzen oder Rassen mit hohem Energiebedarf benötigen mehr Platz und Beschäftigung.

Andere Haustiere:

Wenn bereits andere Tiere im Haushalt leben, ist es wichtig, deren Verträglichkeit mit Katzen zu berücksichtigen.

Langfristige Verpflichtung:

Eine Katze kann 15 Jahre und länger leben. Es ist eine langfristige Verpflichtung, die sowohl emotionale als auch finanzielle Verantwortung bedeutet.

Indem Sie diese Faktoren sorgfältig abwägen, können Sie sicherstellen, dass Sie die Katze finden, die perfekt zu Ihnen passt, und eine tiefe, bereichernde Beziehung aufbauen, die über Jahre hinweg Bestand hat.

Die Entscheidung, woher Ihre zukünftige Katze kommen soll, ist ebenso wichtig wie die Wahl der Rasse oder des Charakters.

Jede Herkunft hat ihre Vor- und Nachteile, die sorgfältig abgewogen werden sollten, um sicherzustellen, dass Sie und Ihre neue Katze eine glückliche und gesunde Zukunft vor sich haben.

1. Vom Bauernhof

Vorteile: Oft sind Bauernhofkatzen an das Freie gewöhnt und robust.

Nachteile: Die medizinische Vorgeschichte ist meist unbekannt, und Impfungen sowie Parasitenkontrollen können fehlen.

2. Von Freunden oder Bekannten

Vorteile: Die Vorgeschichte der Katze ist bekannt, und die Katze hat wahrscheinlich bereits eine gewisse Sozialisierung erfahren.

Nachteile: Es könnte schwierig sein, objektive Informationen über gesundheitliche Bedenken oder Verhaltensprobleme zu erhalten.

3. Vom Züchter

Vorteile: Sie erhalten eine Katze mit bekannter Abstammung und gesundheitlichem Hintergrund. Seriöse Züchter achten sehr auf die Gesundheit und Sozialisierung ihrer Tiere.

Nachteile: Reine Rassekatzen können teuer sein und erfordern oft eine Wartezeit. Zudem unterstützt der Kauf beim Züchter nicht die Adoption bedürftiger Tiere.

4. Aus dem Tierheim

Vorteile: Die Adoption gibt einer Katze eine zweite Chance auf ein liebevolles Zuhause. Mitarbeiter können oft detaillierte Auskünfte zum Charakter und den Bedürfnissen der Tiere geben.

Nachteile: Die vollständige Vorgeschichte der Katze ist möglicherweise nicht bekannt, und einige Tiere könnten anfangs Verhaltensprobleme aufgrund ihrer Vergangenheit zeigen.

5. Beim Tierarzt

Vorteile: Manchmal bieten Tierärzte Katzen zur Adoption an, die medizinisch vollständig versorgt wurden.

Nachteile: Die Auswahl ist meist sehr begrenzt und basiert auf zufälligen Umständen, wie Fundtieren.

6. Anzeigeninserate

Vorteile: Es kann eine breite Auswahl an Katzen zur Verfügung stehen, von Rassekatzen bis zu Mischlingen.

Nachteile: Es besteht das Risiko, an unseriöse Verkäufer oder Vermehrer zu geraten, bei denen die Gesundheit und das Wohl der Tiere nicht im Vordergrund stehen.

Für und Wider abwägen

Es ist wichtig, die Herkunft Ihrer zukünftigen Katze sorgfältig zu überlegen und dabei sowohl Ihr Herz als auch Ihren Verstand zu nutzen.

Adoption aus dem Tierheim oder von einer Rettungsorganisation unterstützt das Wohlergehen von Tieren und bietet oft die Möglichkeit, eine Katze zu finden, die bereits auf Menschen sozialisiert ist und nach einem liebevollen Zuhause sucht.

Der Kauf bei einem seriösen Züchter garantiert eine bekannte Abstammung und Gesundheitsvorgeschichte, was bei bestimmten Rassen und zur Vermeidung von Erbkrankheiten relevant sein kann.

Unabhängig von der Herkunft ist es essentiell, sich auf die Verantwortung vorzubereiten, die die Pflege und das Wohlergehen eines tierischen Mitbewohners mit sich bringt, und sicherzustellen, dass Sie bereit sind, dieser Verpflichtung für die kommenden Jahre nachzukommen.

Machen Sie Ihr Zuhause Katzensicher!

Das Katzensicher-Machen Ihres Zuhauses ist ein wichtiger Schritt, bevor Sie eine Katze aufnehmen.

Katzen sind von Natur aus neugierige Tiere, die gerne klettern, springen und neue Orte erkunden.

Um sicherzustellen, dass Ihr neues Familienmitglied in einem sicheren Umfeld lebt, sollten Sie die folgenden Maßnahmen in Betracht ziehen:

1. Giftige Pflanzen entfernen oder sichern:

Viele übliche Zimmerpflanzen sind für Katzen giftig. Dazu gehören unter anderem Lilien, Dieffenbachia (Schweigrohr), Philodendron und Poinsettien.

Stellen Sie sicher, dass Sie keine giftigen Pflanzen in Ihrem Zuhause haben oder platzieren Sie sie außerhalb der Reichweite Ihrer Katze.

2. Balkon- und Fenstersicherung:

Fenster und Balkone können gefährliche Orte für Katzen sein, insbesondere wenn sie gerne klettern.
Sichern Sie Ihren Balkon mit einem Katzennetz, um Stürze zu vermeiden.

Achten Sie bei Kippfenstern darauf, dass Ihre Katze sich nicht einklemmen und verletzen kann – es gibt spezielle Sicherungen dafür.

3. Gefährliche Gegenstände und Kleinteile:

Katzen spielen gerne mit allem, was sie finden können, aber kleine Gegenstände können leicht verschluckt werden und zu Erstickungsgefahr führen.

Sichern Sie kleine Gegenstände wie Haargummis, Gummibänder und kleine Spielzeugteile.

4. Sichern von Schränken und Verstecken:

Katzen können sich in die kleinsten Verstecke quetschen. Stellen Sie sicher, dass Schränke und potenzielle Verstecke entweder sicher verschlossen sind oder keine Gefahr für Ihre Katze darstellen.

Achten Sie insbesondere darauf, dass keine giftigen Reinigungsmittel oder Medikamente zugänglich sind.

5. Schutz vor heißen Oberflächen:

Katzen springen gerne auf Arbeitsflächen und können sich an heißen Herdplatten oder offenen Flammen verbrennen.

Verwenden Sie Herdschutzgitter und achten Sie darauf, heiße Gegenstände nicht unbeaufsichtigt zu lassen.

6. Elektrische Sicherheit:

Sichern Sie elektrische Kabel und Steckdosen, da Katzen dazu neigen können, daran zu kauen oder daran zu spielen.

Verwenden Sie Kabelkanäle oder spezielle Schutzvorrichtungen, um das Risiko von Stromschlägen zu minimieren.

7. Toilettensicherheit:

Lassen Sie den Toilettendeckel immer geschlossen, um zu verhindern, dass Ihre Katze hineinspringt und ertrinkt oder schädliche Reinigungsmittel aufleckt.

8. Erstickungsgefahr durch Schnüre und Fäden:

Vorhänge mit Schnüren, Jalousien und Spielzeug mit langen Fäden können eine Erstickungsgefahr darstellen.

Sichern oder entfernen Sie diese, um Unfälle zu vermeiden.

9. Giftköder und Schädlingsbekämpfungsmittel:

Stellen Sie sicher, dass keine Rattengifte oder Schädlingsbekämpfungsmittel zugänglich sind.
Selbst wenn Ihre Katze das Gift nicht direkt frisst, kann sie durch das Fressen eines vergifteten Nagetiers sekundär vergiftet werden.

Die Sicherheit Ihrer Katze hat oberste Priorität.

Nehmen Sie sich die Zeit, Ihr Zuhause aus der Perspektive Ihrer Katze zu betrachten, und beseitigen Sie mögliche Gefahren.

Ein sicheres Zuhause ermöglicht es Ihrer Katze, ihr neues Reich sicher und glücklich zu erkunden.

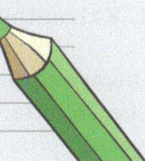

Hier ist Vorsicht geboten!

„Ein Kätzchen ist für die Tierwelt, was eine Rosenknospe für den Garten ist."

-Robert Southey

Die Einkaufsliste

Ein neues Katzenmitglied in Ihr Zuhause zu bringen, ist ein aufregendes Ereignis, das jedoch eine sorgfältige Vorbereitung erfordert.

Die Grundausstattung für Ihre Katze bildet das Fundament für ein glückliches und gesundes Zusammenleben.

Hier sind die wesentlichen Elemente und ihre Bedeutung:

1. Katzentoilette:

Unverzichtbar für die Hygiene, benötigen Katzen eine saubere und zugängliche Toilette. Idealerweise sollte die Anzahl der Katzentoiletten der Anzahl der Katzen plus eins entsprechen.

Wählen Sie eine Toilette, die groß genug ist und über einen Rand oder Deckel verfügt, um die Privatsphäre zu wahren und das Austreten von Streu zu minimieren.

2. Kratzbaum:

Ein Kratzbaum dient nicht nur dazu, die Krallen Ihrer Katze gesund zu halten, sondern bietet auch einen Spiel- und Ruheplatz. Er erfüllt das natürliche Bedürfnis zum Klettern und Beobachten aus der Höhe. Achten Sie auf Stabilität und verschiedene Ebenen, um die Neugier Ihrer Katze zu wecken.

3. Futternapf und Wasserschale:

Rutschfeste, leicht zu reinigende Näpfe sind essentiell. Das Anbieten von frischem Wasser in einer separaten Schale, entfernt vom Futternapf, entspricht dem natürlichen Verhalten und fördert die Flüssigkeitsaufnahme.

4. Schlafplatz:

Katzen schätzen einen warmen, gemütlichen und sicheren Ort zum Schlafen. Ob ein spezielles Katzenbett, eine weiche Decke oder ein Kissen, wichtig ist, dass sich Ihre Katze dort wohl und geborgen fühlt. Platzieren Sie den Schlafplatz in einer ruhigen Ecke, fern von Lärm und Durchzug.

5. Futter:

Die Ernährung ist ein fundamentaler Aspekt für die Gesundheit Ihrer Katze. Informieren Sie sich über die Bedürfnisse Ihrer Katze basierend auf Alter, Gesundheitszustand und Aktivitätslevel, um das passende Futter zu wählen. Eine Kombination aus Trocken- und Nassfutter kann Vorteile bieten.

6. Bürste:

Regelmäßiges Bürsten fördert die Gesundheit von Haut und Fell und reduziert Haarballen. Die Wahl der richtigen Bürste hängt vom Felltyp Ihrer Katze ab. Kurzhaarige Katzen benötigen oft nur eine weiche Bürste, während langhaarige Katzen spezielle Kämme oder Entfilzungswerkzeuge benötigen.

7. Transportbox:

Eine sichere Transportbox ist für Tierarztbesuche oder Reisen unerlässlich. Sie sollte stabil, gut belüftet und groß genug sein, damit sich Ihre Katze darin umdrehen kann. Eine weiche Einlage sorgt für zusätzlichen Komfort.

8. Spielzeug:

Spielzeug fördert die geistige und körperliche Aktivität Ihrer Katze und stärkt die Bindung zwischen Ihnen. Von einfachen Bällen und Federspielzeugen bis hin zu interaktiven Spielzeugen, die zum Jagen und Fangen anregen, sollte für Abwechslung gesorgt sein.

Bitte denken Sie auch an den Sichheitsaspekt, wie im vorigen Kapitel beschrieben.

Die sorgfältige Auswahl dieser Grundausstattung trägt wesentlich zum Wohlbefinden Ihrer Katze bei und legt den Grundstein für ein erfülltes Zusammenleben.

Erinnern Sie sich daran, dass jede Katze ein Individuum ist. Beobachten Sie die Vorlieben und Bedürfnisse Ihrer Katze, um ihre Umgebung entsprechend anzupassen.

Im Laufe des Katzenlebens neigen wir Menschen dazu, eine Vielzahl an schönen Dingen für unsere geliebten Vierbeiner zu kaufen, von schicken Spielzeugen bis hin zu luxuriösen Schlafplätzen.

Doch oft zeigt sich, dass Katzen eine ganz andere Vorliebe haben: den guten alten Karton. Egal wie sehr wir uns bemühen, ihre Welt mit den feinsten Katzenprodukten zu bereichern, scheint die einfache Freude, die ein Karton bietet, unübertroffen.

Ein perfekter Kratzbaum.

Sie lieben es, sich darin zu verstecken, darauf herumzukauen und die Wände mit ihren Krallen zu bearbeiten.

Dieser simple Gegenstand dient ihnen als Spielzeug, Schlafplatz und Versteck zugleich und erinnert uns daran, dass Glück oft in den einfachsten Dingen zu finden ist.

Es ist eine charmante Eigenart unserer Katzenfreunde, die uns lehrt, die Schönheit im Einfachen zu schätzen.

So ist die Burmakatze.

So ist die Burmakatze: Ein Porträt einer außergewöhnlichen Rasse

Die Burmakatze ist eine faszinierende und liebevolle Rasse, die mit ihrem anmutigen Erscheinungsbild und ihrer charmanten Persönlichkeit Katzenliebhaber auf der ganzen Welt begeistert. Diese Katzen zeichnen sich durch ihre enge Bindung zu ihren Menschen, ihre verspielte Natur und ihre auffällige, samtige Felltextur aus.

Aussehen und Fell

Die Burmakatze ist mittelgroß und hat einen eleganten, aber muskulösen Körperbau. Ihre geschmeidigen Bewegungen und ihre kräftige Statur verleihen ihr eine besondere Anmut. Besonders auffällig ist das kurze, seidig glänzende Fell, das in verschiedenen Farben vorkommt, darunter tiefes Schokoladenbraun, Blau, Lilac und Creme. Das Fell der Burmakatze ist pflegeleicht und bedarf nur minimaler Pflege, um seinen Glanz zu bewahren.

Ihre Augen sind groß und leuchtend, oft in einem satten Gold oder Bernstein, die einen sanften und neugierigen Ausdruck vermitteln. Die Kombination aus ihrem glänzenden Fell und den strahlenden Augen verleiht der Burmakatze ein unverwechselbares und attraktives Aussehen.

Charakter und Temperament

Die Burmakatze ist bekannt für ihre liebevolle und anhängliche Natur. Sie baut oft eine enge Bindung zu ihren Besitzern auf und ist dafür bekannt, ihrer Bezugsperson im Haus zu folgen und stets in ihrer Nähe sein zu wollen. Diese Katzen sind sehr menschenbezogen und genießen es, im Mittelpunkt des Geschehens zu stehen. Sie sind gesellig und mögen es, Teil der Familie zu sein, sei es durch gemeinsames Spielen, Kuscheln oder einfach nur durch ihre Anwesenheit.

Trotz ihrer Zuneigung haben Burmakatzen auch eine lebhafte und verspielte Seite. Sie sind aktiv, neugierig und lieben es, zu spielen und ihre Umgebung zu erkunden. Ihr verspieltes Wesen bleibt oft bis ins hohe Alter erhalten, was sie zu idealen Gefährten für Menschen macht, die eine interaktive und dynamische Katze suchen.

Verhalten mit anderen Haustieren und Kindern

Die Burmakatze ist im Allgemeinen sehr verträglich mit anderen Haustieren, einschließlich Hunden, und kommt gut mit Kindern aus. Ihre freundliche und sanfte Natur macht sie zu einem idealen Familienmitglied, das sowohl mit anderen Katzen als auch mit Menschen harmoniert. Sie ist geduldig und tolerant, was besonders im Umgang mit jüngeren Familienmitgliedern von Vorteil ist.

Stimme und Kommunikation

Burmakatzen sind auch für ihre gesellige und kommunikative Art bekannt. Sie haben eine sanfte, melodische Stimme und neigen dazu, mit ihren Besitzern zu „sprechen" und auf deren Aufmerksamkeit zu reagieren. Diese Rasse ist sehr ausdrucksstark und nutzt ihre Stimme, um ihre Bedürfnisse und Wünsche mitzuteilen, sei es, um gestreichelt zu werden, zu spielen oder einfach nur Gesellschaft zu suchen.

Gesundheit und Pflege

Burmakatzen sind im Allgemeinen robust und gesund, aber wie alle Rassen können sie anfällig für bestimmte genetische Erkrankungen sein. Regelmäßige tierärztliche Untersuchungen und eine ausgewogene Ernährung sind wichtig, um sicherzustellen, dass Ihre Burmakatze ein langes und gesundes Leben führt. Ihr kurzes Fell erfordert nur gelegentliches Bürsten, um lose Haare zu entfernen und das Fell in Top-Zustand zu halten.

Fazit

Die Burmakatze ist eine außergewöhnliche Rasse, die durch ihre Mischung aus Eleganz, Intelligenz und Zuneigung besticht. Sie ist der perfekte Begleiter für Menschen, die eine liebevolle, verspielte und anhängliche Katze suchen, die gerne im Mittelpunkt steht.

Mit ihrer besonderen Mischung aus Aktivität und Kuscheligkeit bringt die Burmakatze Freude und Lebendigkeit in jedes Zuhause. Wer einmal eine Burmakatze in seinem Leben hat, wird schnell feststellen, dass diese charmanten Tiere nicht nur Haustiere, sondern echte Familienmitglieder sind.

Bildhübsch!

"Es gibt nichts Weicheres, nichts, was sich feiner, zarter und wertvoller anfühlt als das Fell einer Katze."

-Guy de Maupassant

Kurzes Fell.

Das fell und die farben dieser Rasse.

Das Fell der Burmakatze ist eines ihrer markantesten Merkmale, das ihre Eleganz und Anmut unterstreicht. Mit seinem kurzen, seidig-glänzenden Aussehen und der breiten Palette an Farben zieht das Fell der Burmakatze sofort die Blicke auf sich und macht diese Rasse zu einer der ästhetisch ansprechendsten unter den Hauskatzen.

Fellstruktur

Die Burmakatze besitzt ein außergewöhnlich weiches, kurzes Fell, das eng am Körper anliegt und dadurch die muskulöse, aber dennoch schlanke Statur

dieser Rasse perfekt zur Geltung bringt. Anders als bei vielen anderen Rassen, hat die Burmakatze kein dichtes Unterfell, was ihr Fell besonders seidig und pflegeleicht macht. Dieses samtige Fell benötigt nur minimalen Pflegeaufwand; gelegentliches Bürsten reicht aus, um das Fell in optimalem Zustand zu halten und lose Haare zu entfernen. Das Bürsten wird zudem oft von den Katzen genossen, da es eine zusätzliche Gelegenheit für Zuwendung und Bindung bietet.

Farben

Die Burmakatze ist für ihre warme, leuchtende Fellfarbe bekannt, die in verschiedenen Schattierungen auftritt. Obwohl es weltweit verschiedene Farb-spektren gibt, sind die vier Hauptfarben der Burmakatze wie folgt:

Braun (Sable)

Die klassische Farbe der Burmakatze, ein tiefes, warmes Braun, das manchmal fast schwarz wirken kann. Diese Farbe verleiht der Katze ein besonders edles und intensives Aussehen. Die braune Burmakatze hat oft eine dunkelbraune Nase und dunkle Pfotenballen, die harmonisch zum Fellton passen.

Blau

Das blaue Fell der Burmakatze ist eigentlich ein kühler, stahlblauer Grauton, der im Licht schimmert. Diese Farbe verleiht der Katze ein weiches, elegantes Aussehen. Die blauen Burmakatzen haben meist eine dunkelgraue Nase und Pfotenballen, die das Gesamtbild abrunden.

Schokoladenbraun (Chocolate)

Diese Variante ist heller als das klassische Braun und hat einen warmen, milchschokoladenähnlichen Farbton. Diese Schattierung strahlt eine freund-liche und angenehme Wärme aus. Die Nasen- und Pfotenballen dieser Katzen sind oft ein etwas dunkleres Schokoladenbraun.

Lilac

Lilac ist eine zarte, pastellfarbene Variante des Fells, das einen hellgrauen Farbton mit einem Hauch von Rosa kombiniert. Diese Farbe ist seltener und verleiht der Burmakatze ein besonders raffiniertes und delikates Erschei-nungsbild. Nasen- und Pfotenballen sind oft in einem zarten Lavendelton gehalten.

Farbverteilung und Schattierungen

Ein weiteres bemerkenswertes Merkmal des Fells der Burmakatze ist die gleichmäßige Verteilung der Farbe. Anders als bei Rassen mit auffälligen Mus-tern oder Flecken ist das Fell der Burmakatze einfarbig, wobei die Intensität der Farbe leicht variieren kann. Jüngere Burmakatzen neigen dazu, etwas dunklere Punkte an Gesicht, Ohren, Pfoten und Schwanz zu haben, die sich im Laufe der Zeit angleichen können, sodass das Fell gleichmäßiger erscheint. Diese sanften Schattierungen und das Fehlen von Streifen oder Flecken tra-gen zur eleganten, harmonischen Erscheinung der Burmakatze bei.

Blaue Burmakatze.

Fazit

Das Fell der Burmakatze ist ein wahres Sinnbild für Eleganz und Anmut. Mit seiner weichen, seidigen Struktur und den warmen, leuchtenden Farben verleiht es der Katze nicht nur ein edles Aussehen, sondern macht sie auch zu einem wahren Genuss für Katzenliebhaber. Egal, ob in klassischem Braun, edlem Blau, warmem Schokoladenbraun oder zartem Lilac – das Fell der Burmakatze zieht durch seine Schönheit und Schlichtheit gleichermaßen in den Bann. Die Pflegeleichtigkeit und die Vielfalt der Farben machen die Burmakatze zu einem idealen Begleiter für alle, die Wert auf Ästhetik und minimalen Pflegeaufwand legen.

Ihre Katze als Therapie-Tier

Katzen als Therapietiere spielen eine bedeutende Rolle in der Förderung der psychischen und emotionalen Gesundheit vieler Menschen.

Ihre Präsenz kann Trost spenden, Stress mindern und das allgemeine Wohlbefinden verbessern. In unterschiedlichen therapeutischen Kontexten tragen sie dazu bei, Isolation zu durchbrechen, soziale Interaktion zu fördern und bei der Bewältigung verschiedenster psychischer und physischer Herausforderungen zu unterstützen.

Therapeutischer Nutzen von Katzen:

Katzen bieten durch ihre ruhige und ausgeglichene Natur einen idealen emotionalen Halt. Ihre Fähigkeit, bedingungslose Liebe und Zuneigung zu zeigen, macht sie zu perfekten therapeutischen Begleitern. Die sanfte Interaktion mit einer Katze, wie Streicheln oder das Hören ihres Schnurrens, kann Blutdruck senken, Stresshormone reduzieren und Gefühle der Entspannung fördern.

Einsatzgebiete:

Katzen werden in einer Vielzahl von therapeutischen Settings eingesetzt, darunter in Pflegeheimen, Krankenhäusern, Schulen und bei der Einzeltherapie.

Sie helfen Menschen mit Depressionen, Angststörungen, Autismus und Demenz, indem sie für emotionale Unterstützung sorgen und zur Senkung von Stress und Angst beitragen.

In Schulen und Bildungseinrichtungen fördern sie die Lese- und Lernbereitschaft bei Kindern, indem sie als geduldige Zuhörer dienen.

Auswahl der Therapiekatzen:

Nicht jede Katze eignet sich als Therapietier. Therapiekatzen sollten ein freundliches, ausgeglichenes und geduldiges Wesen besitzen sowie gegenüber neuen Umgebungen und Menschen aufgeschlossen sein.

Die Auswahl und Ausbildung von Therapiekatzen erfolgt sorgfältig, um sicherzustellen, dass sie sich wohl in ihrer Rolle fühlen und positiv auf die Bedürfnisse der Menschen reagieren können.

Ausbildung und Zertifizierung:

Obwohl Katzen von Natur aus therapeutische Eigenschaften besitzen, durchlaufen viele eine spezielle Ausbildung, um sie auf ihre Rolle als Therapietiere vorzubereiten.

Diese Ausbildung umfasst in der Regel die Gewöhnung an verschiedene Umgebungen, das Training sozialer Interaktionen und die Sensibilisierung für die Bedürfnisse der zu betreuenden Personen.

Zertifizierungsprogramme stellen sicher, dass Katzen und ihre Halter die notwendigen Voraussetzungen für den Einsatz in therapeutischen Settings erfüllen.

Myanmar, Burma, Bagán- pixabay

Ursprung und Entwicklung der Rasse

Die Burmakatze hat eine faszinierende Geschichte, die sowohl exotische Wurzeln als auch moderne Zuchtentwicklung vereint.

Ursprung in Südostasien
Die Wurzeln der Burmakatze reichen bis nach Burma (dem heutigen Myanmar) zurück, wo sie schon seit Jahrhunderten verehrt wurde. Es wird angenommen, dass die Burmakatze, damals bekannt als „Kupferkatze", in den buddhistischen Tempeln Burmas lebte und als heiliges Tier galt. Die Legenden um diese Katzen erzählen, dass sie die Seelen von Mönchen bewachten und nach deren Tod als Begleiter dienten. Ihre Präsenz in den Tempeln und Palästen Burmas zeugte von ihrem hohen Status und ihrer besonderen Bedeutung.

Der Weg in die westliche Welt
Die moderne Geschichte der Burmakatze beginnt jedoch im Jahr 1930, als Dr.

Joseph Thompson, ein amerikanischer Marinearzt, eine kleine, dunkelbraune Katze namens Wong Mau aus Rangun (heute Yangon), Burma, in die Vereinigten Staaten brachte. Wong Mau wurde als eine einzigartige und außergewöhnlich schöne Katze beschrieben, die sich deutlich von den damals bekannten Siamkatzen unterschied.

Dr. Thompson war so fasziniert von Wong Mau, dass er beschloss, sie zur Gründung einer neuen Rasse zu verwenden. In Zusammenarbeit mit anderen Züchtern begann er ein gezieltes Zuchtprogramm, bei dem Wong Mau mit einem Siamkater gekreuzt wurde. Die Nachkommen dieser Kreuzung zeigten verschiedene Farbschattierungen, darunter das charakteristische Dunkelbraun, das später als „Sable" bekannt wurde. Durch gezielte Rückkreuzungen mit ihren Nachkommen gelang es den Züchtern, die heute typischen Merkmale der Burmakatze zu stabilisieren und zu verfeinern.

Entwicklung und Anerkennung

In den 1940er Jahren wurde die Burmakatze von den ersten Zuchtverbänden in den USA anerkannt. Ihre Popularität stieg schnell, da Katzenliebhaber von ihrem einzigartigen Aussehen und ihrem liebevollen Wesen begeistert waren. Die Burmakatze wurde zu einer der ersten gezielt gezüchteten Rassen, die das Interesse an exotischen und neuen Katzenrassen in der westlichen Welt weckte.

Im Laufe der Zeit wurde die Burmakatze auch in Europa und anderen Teilen der Welt eingeführt, wo sie ebenfalls schnell Anerkennung und Beliebtheit erlangte. Die Rasse wurde weiterentwickelt, und Züchter konzentrierten sich darauf, die charakteristischen Merkmale der Burmakatze zu erhalten und zu verbessern, darunter das seidig-glänzende Fell, die kräftige Statur und die intensiven, goldenen Augen.

Unterschiede zwischen amerikanischen und europäischen Linien

Interessanterweise entwickelten sich im Laufe der Jahre zwei Hauptlinien der Burmakatze: die amerikanische und die europäische. Während die amerikanische Linie für ihren kompakteren, muskulösen Körperbau und den runderen Kopf bekannt ist, zeichnet sich die europäische Linie durch eine schlankere, elegantere Statur und einen etwas spitzeren Kopf aus. Beide Linien teilen jedoch die grundlegenden Eigenschaften, die die Burmakatze so einzigartig machen: ihr liebenswertes Wesen, ihre Intelligenz und ihr glänzendes, kurzes Fell.

Die Burmakatze hat eine faszinierende Reise hinter sich, von ihren Wurzeln als verehrte Tempelkatze in Burma bis hin zu ihrer heutigen Position als eine der beliebtesten und bekanntesten Katzenrassen weltweit.

Gibt es eigentlich so wirklich berühmte Vertreter dieser wunderbaren Rasse?

Einige Burmakatzen haben durch ihre herausragende Schönheit und Erfolge in der Zucht besondere Bekanntheit erlangt. Diese berühmten Vertreter verkörpern die außergewöhnlichen Eigenschaften der Rasse und haben ihren Ruf weltweit gefestigt.

Wong Mau

Wong Mau ist wohl die berühmteste Burmakatze und die Begründerin der modernen Burmakatzenrasse. Sie wurde 1930 von Dr. Joseph Thompson aus Burma in die USA gebracht. Wong Mau war die erste Katze, die zur Zucht der Burmakatze verwendet wurde, und ihre Nachkommen legten den Grundstein für die heutige Rasse. Sie gilt als die „Mutter" aller modernen Burmakatzen.

Dalai Dot Dot Dash

Dalai Dot Dot Dash war eine Burmakatze, die in den 1980er Jahren berühmt wurde, als sie den Titel „Best Cat" auf der prestigeträchtigen CFA International Cat Show gewann. Dieser Sieg trug dazu bei, das Ansehen der Burmakatze in der Zucht- und Ausstellungsgemeinschaft zu stärken.

Bastis Anka

Bastis Anka ist eine Burmakatze, die in den 1990er Jahren durch ihre beeindruckenden Auftritte auf Katzenausstellungen in Europa bekannt wurde. Sie gewann zahlreiche Titel und Auszeichnungen, darunter mehrere „Best in Show"-Preise, und trug dazu bei, die Burmakatze in Europa populär zu machen.

Bambino von den drei Kiefern

Diese Burmakatze wurde in Deutschland bekannt, nachdem sie in mehreren Werbespots und Fernsehauftritten zu sehen war.

Ihre charmante Erscheinung und ihr freundliches Wesen machten sie zu einem beliebten Gesicht im deutschen Fernsehen, und sie trug dazu bei, die Bekanntheit der Rasse in Deutschland zu steigern.

GC, NW Vindy's Obi-Wan Kenobi

Dieser Burmakater ist einer der bekanntesten in den USA und hat zahlreiche Preise und Titel gewonnen, darunter den Grand Champion (GC) und National Winner (NW) Titel der Cat Fanciers' Association (CFA).

Sein Name wurde in Züchterkreisen und auf Ausstellungen legendär, und er gilt als herausragender Vertreter der amerikanischen Linie der Burmakatze.

Diese Katzen haben durch ihre Auszeichnungen, ihre Rollen in der Zuchtgeschichte oder ihre Medienpräsenz zur Bekanntheit und Popularität der Burmakatze beigetragen und sind heute als herausragende Vertreter dieser liebenswerten und eleganten Rasse bekannt.

Die Burma zieht ein.

Na also, endlich ist es so weit! Ihr ausgewähltes Kätzchen hat jetzt das richtige Alter, und Sie können es beim Züchter abholen. Was für ein aufregender Tag!

Oder vielleicht haben Sie sich für eine ältere Katze entschieden, die aus einem anderen Hintergrund stammt. Egal, wie Ihre Wahl aussieht - heute wird ein denkwürdiger Tag sein.

Bevor Ihr neuer flauschiger Freund bei Ihnen einzieht, gibt es ein paar Überlegungen und Vorbereitungen, die Sie im Kopf behalten sollten.

Woher bekommen Sie Ihre Katze?

Dies ist eine der ersten Fragen, die Sie sich stellen sollten, wenn Sie darüber nachdenken, eine Katze zu adoptieren.

Im Allgemeinen haben Sie mehrere Möglichkeiten, um eine passende Katze zu finden:

- Kommerzielle Händler
- Verantwortungsbewusste Züchter
- Tierheim

Ein wichtiger Rat: Meiden Sie kommerzielle Händler. Sie behandeln die Tiere nur als Ware und kümmern sich nicht um das Wohl der Tiere oder das Glück der neuen Besitzer nach dem Kauf. Sozialisierung und Prägung? Nicht vorhanden. Probleme später? Sehr wahrscheinlich. Zudem würden Sie mit einem Kauf bei solchen Händlern ein oft zweifelhaftes Geschäft unterstützen. Was anfangs wie ein Schnäppchen wirkt, kann schnell zu einer finanziellen Belastung werden, wenn die Tierarztrechnungen eintrudeln.

Erfahrene Katzenhalter können einem Tier aus dem Tierheim eine Chance geben. Aber bedenken Sie, dass diese Tiere oft bereits geprägt sind und man nicht immer weiß, unter welchen Bedingungen sie bisher gelebt haben. Ergreifen Sie nicht vorschnell die Gelegenheit, einen solchen vierbeinigen Freund zu adoptieren - wenn Sie nicht mit ihm zurechtkommen, endet er womöglich wieder im Tierheim und die Katze leidet darunter. Katzen aus zweiter Hand sind eher etwas für Leute, die viel Zeit, Geduld und Erfahrung mit Katzen haben.

Die beste Chance, eine gesunde und rassetypische Katze zu bekommen, haben Sie definitiv bei einem seriösen Züchter. Ja, eine gut sozialisierte und liebevoll aufgezogene Katze ist dort nicht billig - aber Sie erhalten wahrscheinlich eine Katze, die rassetypisch ist und Ihnen viele Jahre Freude bereitet.

Auf der Suche nach einem guten Züchter sollten Sie sich am besten an die Rassezuchtvereine wenden. Züchter, die in solchen Vereinen organisiert sind, halten sich an strenge Zuchtregeln, paaren nur geeignete Tiere und sorgen sich um die Gesundheit ihrer Kätzchen von Tag eins an. Ein Züchter aus einem seriösen Verband bietet Ihnen daher maximale Sicherheit bei der Wahl Ihres neuen Familienmitglieds.

Nicht jeder Züchter, der nicht in einem Verband organisiert ist, muss unseriös sein. Aber ein wenig Vorsicht ist immer angebracht.

Welches Kätzchen soll es sein?

Schon bei der Auswahl des Kätzchens können die ersten Fehler gemacht werden - oft geht es nur darum, welches Kätzchen gerade am niedlichsten aussieht. Aber das ist so, als würden Sie ein Auto nur nach seiner Farbe aussuchen. Es geht nicht um das Aussehen, sondern darum, welches Kätzchen am besten zu Ihnen und Ihrem Lebensstil passt. Haben Sie die Geduld und die Fähigkeit, einem schüchternen Kätzchen zu helfen, oder sollte es lieber ein vollkommen zutrauliches sein? Bevorzugen Sie eine ruhige Katze oder eine, die ständig auf der Suche nach Abenteuern ist?

Das zeigt, dass es nicht nur um das Aussehen geht, sondern um den Charakter Ihres neuen tierischen Familienmitglieds, mit dem Sie möglicherweise viele Jahre zusammenleben werden.

Deshalb stellt der Züchter Ihnen viele Fragen - er möchte herausfinden, was Sie suchen, um Ihnen dann das Kätzchen vorzustellen, das am besten zu Ihren Wünschen und Bedürfnissen passt. Vertrauen Sie ihm; er kennt seine Tiere am besten und kann oft gut einschätzen, welche menschlichen Partner zu seinen Schützlingen passen. Der Züchter wird alles tun, um sicherzustellen, dass seine Kätzchen in das passendste Zuhause kommen.

Kater oder Katze?

Vergessen Sie pauschale Urteile wie „Kater sind unabhängiger und schwieriger zu erziehen, Katzen sind anhänglicher." Jede Katze ist individuell. Die Wahl sollte letztlich von Ihren persönlichen Vorlieben und praktischen Überlegungen abhängen. Wenn Sie überlegen, mit Ihrer Katze zu züchten, brauchen Sie natürlich eine Katze und einen Kater.

Ansonsten ist es wichtig, die Unterschiede zwischen den Geschlechtern zu verstehen. Kater neigen manchmal dazu, ihr Territorium zu markieren, was mit einem intensiven Geruch einhergehen kann. Katzen dagegen können zweimal im Jahr rollig werden und in dieser Zeit ein verändertes Verhalten zeigen. Unkastrierte Kater und Katzen können für ungewollten Nachwuchs sorgen, was wiederum neue Verantwortungen mit sich bringt.

Wie alt sollte das Kätzchen sein?

Auch wenn es verlockend sein mag - Sie sollten Ihr Kätzchen nicht vor der 12. oder 14. Lebenswoche zu sich holen. Ein verantwortungsbewusster Züchter wird Ihnen das Kätzchen nicht früher überlassen, da die ersten Lebenswochen entscheidend für die Sozialisation und die Prägung durch die Mutter und Geschwister sind. In dieser Zeit erfolgen auch die ersten Impfungen und Gesundheitschecks.

Kosten für die Katze

Bevor Sie sich eine Katze anschaffen, sollten Sie zumindest eine grobe Kostenaufstellung machen. Es muss sichergestellt sein, dass Sie diese Kosten nicht nur jetzt, sondern über die gesamte Lebensdauer der Katze tragen können – immerhin kann Ihre Katze 15 Jahre oder länger bei Ihnen sein, und eine Trennung aus finanziellen Gründen sollte vermieden werden.

Die folgenden Punkte geben einen Überblick über die zu erwartenden Kosten. Zusätzliche Ausgaben für Spielzeug, Leckereien, Katzenbaum, Transportbox usw. hängen von Ihren persönlichen Wünschen ab.

Anschaffung

Im Vergleich zum gesamten Katzenleben sind die Anschaffungskosten relativ gering, also sollte nicht hier gespart werden. Ein Kätzchen von einem unseriösen Vermehrer mag zunächst günstig erscheinen, kann aber später hohe Tierarztkosten verursachen.

Bei einem seriösen Züchter zahlen Sie für ein rasse-reines Burmakatze Kätzchen etwa 800,- bis 1.500,- €. Adoptionen aus dem Tierheim können variieren, liegen aber meist bei einer Schutzgebühr von 50,- bis 150,- €.

Grundausstattung

Für Schlafplatz, Futternäpfe, Kratzbaum und Transportbox sollten Sie zu Beginn etwa 200,- € einplanen. Für Ersatz und Neuanschaffungen rechnen Sie mit etwa 100,- bis 200,- € pro Jahr.

Ernährung

Die Kosten hängen von der Qualität des Futters ab. Planen Sie täglich etwa 2,- bis 5,- € ein, also jährlich rund 730,- bis 1.825,- €.

Tierarztkosten

Neben den regelmäßigen Impfungen und Gesundheitschecks sollten Sie auch unerwartete Tierarztkosten einkalkulieren. Eine gute Grundlage für die Kalkulation sind etwa 100,- bis 300,- € pro Jahr, abhängig von der Gesundheit Ihrer Katze.

Die Entscheidung für eine Burmakatze Katze bringt Verantwortung und Freude gleichermaßen mit sich. Durch sorgfältige Überlegung und Vorbereitung können Sie sicherstellen, dass Sie und Ihre Katze eine glückliche und lange Zeit miteinander verbringen.

Eine Haftpflichtversicherung für Katzen mag auf den ersten Blick vielleicht unnötig erscheinen, besonders wenn man bedenkt, dass Katzen oft als weniger risikobehaftet im Vergleich zu Hunden angesehen werden. Doch auch Katzen können Schäden verursachen, die unter bestimmten Umständen finanziell belastend für ihre Besitzer werden können. In diesem Text erfahren Sie alles Wichtige über die Haftpflichtversicherung für Katzen, warum sie sinnvoll sein kann und was Sie dabei beachten sollten.

Wann ist eine Katzenhaftpflichtversicherung sinnvoll?

Eine Haftpflichtversicherung für Katzen deckt Schäden ab, die Ihre Katze Dritten zufügt.
Obwohl Katzen in Deutschland nicht gesetzlich versichert sein müssen, gibt es durchaus Szenarien, in denen eine Versicherung von Nutzen sein kann:

Sachschäden

Ihre Katze beschädigt die Einrichtung oder das Eigentum von Dritten, beispielsweise beim Besuch in fremden Wohnungen.

Personenschäden

Obwohl seltener, kann es vorkommen, dass eine Katze eine Person verletzt, etwa durch Kratzen oder Beißen. In solchen Fällen können Arztkosten oder Schmerzensgeldforderungen auf Sie zukommen.

Mietsachschäden

Schäden an Mietwohnungen, wie zerkratzte Türrahmen oder zerrissene Tapeten, können ebenfalls durch eine Haftpflichtversicherung abgedeckt werden. Was deckt die Haftpflichtversicherung ab?

Die genauen Leistungen können je nach Versicherungsanbieter variieren, typischerweise umfassen sie jedoch:

Sachschäden

Reparatur oder Ersatz beschädigter Gegenstände.

Personenschäden

Übernahme von Behandlungskosten, Schmerzensgeldansprüchen oder Verdienstausfall.

Vermögensschäden

Finanzielle Verluste, die indirekt durch die Katze entstehen.

Worauf sollten Sie bei der Wahl einer Versicherung achten?

Deckungssumme

Achten Sie auf eine ausreichend hohe Deckungssumme, um im Schadensfall umfassend abgesichert zu sein.

Selbstbeteiligung

Einige Versicherungen beinhalten eine Selbstbeteiligung. Überlegen Sie, welcher Betrag für Sie finanziell tragbar ist.

Ausschlüsse

Informieren Sie sich über eventuelle Ausschlusskriterien. Manche Versicherungen decken beispielsweise keine Schäden ab, die die Katze im eigenen Haushalt verursacht.

Prämien

Vergleichen Sie die Prämien verschiedener Anbieter, um das beste Preis-Leistungs-Verhältnis zu finden.

Fazit

Obwohl eine Haftpflichtversicherung für Katzen in Deutschland nicht vorgeschrieben ist, bietet sie doch einen wertvollen Schutz vor unerwarteten Kosten durch Schäden, die Ihre Katze verursachen könnte. Durch sorgfältiges Abwägen der Deckungsdetails und der Kosten verschiedener Versicherungsangebote können Katzenbesitzer eine passende Versicherung finden, die sowohl ihren Bedürfnissen als auch denen ihrer samtpfotigen Freunde gerecht wird. So können Sie sich beruhigt zurücklehnen und das Zusammenleben mit Ihrer Katze in vollen Zügen genießen, wissend, dass Sie im Falle eines Falles gut abgesichert sind.

Eine Katzenkrankenversicherung ist in der heutigen Zeit für viele Katzenbesitzer ein unverzichtbarer Bestandteil der Fürsorge für ihr Haustier. Angesichts der steigenden Kosten für tiermedizinische Behandlungen bietet eine solche Versicherung finanzielle Sicherheit und gewährleistet, dass Katzen im Krankheitsfall die bestmögliche Behandlung erhalten können, ohne dass ihre Besitzer vor unüberwindbare finanzielle Hürden gestellt werden.

Warum ist eine Katzenkrankenversicherung wichtig?

Steigende Tierarztkosten

Die Kosten für tiermedizinische Behandlungen sind in den letzten Jahren stetig gestiegen. Spezialisierte Behandlungen, chirurgische Eingriffe und auch die Kosten für Medikamente können schnell in die Tausende gehen.

Umfassende medizinische Versorgung

Mit einer Katzenkrankenversicherung können Sie sich dafür entscheiden, Ihrem Haustier auch teure Behandlungen zu ermöglichen, die ohne Versicherungsschutz möglicherweise finanziell nicht tragbar wären.

Vorsorgeleistungen

Einige Versicherungen bieten auch Deckung für Vorsorgeleistungen wie Impfungen, Wurmkuren oder jährliche Gesundheitschecks, was zur langfristigen Gesundheit Ihrer Katze beiträgt.

Unvorhergesehene Krankheiten und Unfälle

Niemand kann vorhersehen, wann seine Katze krank wird oder einen Unfall hat. Eine Krankenversicherung gibt Sicherheit, in solchen Fällen bestmöglich für das Tier sorgen zu können.

Auswahl einer Katzenkrankenversicherung

Bei der Wahl der richtigen Katzenkrankenversicherung gibt es mehrere Faktoren zu berücksichtigen:

Deckungsumfang

Prüfen Sie genau, welche Behandlungen und Leistungen abgedeckt sind. Wichtig sind vor allem die Übernahme von Kosten für Operationen, stationäre Behandlungen, Medikamente und eventuell auch alternative Heilmethoden.

Selbstbeteiligung

Einige Versicherungen verlangen einen festen Betrag oder einen Prozentsatz der Kosten, die Sie selbst tragen müssen. Überlegen Sie, was für Sie finanziell sinnvoll ist.

Jahres- oder Behandlungshöchstgrenzen

Achten Sie darauf, ob die Versicherung eine maximale Leistungsgrenze pro Jahr oder pro Behandlung festlegt.

Ausschlüsse und Wartezeiten

Informieren Sie sich über mögliche Ausschlusskriterien (z.B. für erbliche Erkrankungen oder Vorerkrankungen) und über Wartezeiten nach Vertragsabschluss, bevor die Versicherung greift.

Prämienhöhe

Die Kosten für eine Katzenkrankenversicherung variieren je nach Anbieter, Leistungsumfang und manchmal auch nach der Rasse oder dem Alter der Katze. Vergleichen Sie Angebote, um die für Sie und Ihre Katze passende Versicherung zu finden.

Fazit
Eine Katzenkrankenversicherung bietet nicht nur finanzielle Sicherheit, sondern auch die Gewissheit, dass Sie im Falle einer Erkrankung oder eines Unfalls Ihrer Katze die bestmögliche Versorgung ermöglichen können. Die Investition in eine solche Versicherung zeigt eine tiefe Verbundenheit und Verantwortung gegenüber dem Wohlergehen Ihres Haustieres. Da sich die Angebote und Leistungen der verschiedenen Versicherungen deutlich unterscheiden können, ist es wichtig, sich vorab umfassend zu informieren und zu vergleichen, um die optimale Absicherung für Ihre geliebte Katze zu finden.

Willkommen im neuen Zuhause, kleines Kätzchen

Es ist ein großer Tag! Ihr neues kleines Kätzchen kommt an und beginnt ein aufregendes neues Kapitel seines Lebens. Für das kleine Fellknäuel ist alles neu und möglicherweise ein wenig beängstigend, also ist es wichtig, geduldig und liebevoll zu sein und ihm viel Zeit zu widmen, um sich einzuleben. Idealerweise holen Sie es am Morgen ab, damit es genügend Zeit hat, sein neues Zuhause zu erkunden, zu spielen und sich auszuruhen.

Die Erkundung des neuen Zuhauses

Lassen Sie Ihr Kätzchen bei seiner Ankunft in Ruhe seine neue Umgebung erkunden. Führen Sie es zu seinem Schlafplatz, der für ihn wie ein spannender, aber sicherer Freizeitpark voller neuer Gerüche und Eindrücke sein wird. Er vermisst möglicherweise seine Mutter und Geschwister, also ist es Ihre Aufgabe, ihm die nötige Geborgenheit und Sicherheit zu geben.

Eine vom Züchter mitgegebene Decke, die nach seiner Mutter riecht, kann helfen, sein Heimweh zu mildern. Nach einer Weile des Spielens wird Ihr Kätzchen sich wahrscheinlich an seinen Schlafplatz zurückziehen, um ein Schläfchen zu halten.

Die erste Nacht ohne seine Katzenfamilie

In den ersten Nächten könnte Ihr Kätzchen ein wenig unruhig sein. Eine warme Wärmflasche und eine leise tickende Uhr, eingewickelt in eine weiche Decke, können ihm das Gefühl geben, nicht allein zu sein.

Ein Name für das Kätzchen

Geben Sie Ihrem neuen Gefährten so bald wie möglich einen Namen. Obwohl Züchter oft komplexe Namen wählen, die mehr über die Abstammung aussagen, sollten Sie einen Namen auswählen, der Ihnen gefällt und den Sie gerne rufen. Ihr Kätzchen wird schnell lernen, darauf zu reagieren.

Kinder und andere Haustiere

Erklären Sie Kindern, dass Kätzchen keine Spielzeuge sind, und sorgen Sie für eine vorsichtige Annäherung. Achten Sie darauf, Ihre anderen Haustiere nicht zu vernachlässigen, um Eifersucht zu vermeiden. Lassen Sie das Kätzchen nie unbeaufsichtigt mit älteren Haustieren.

Ein gemütlicher Schlafplatz

Richten Sie einen gemütlichen und zugfreien Schlafplatz ein, eventuell in der Küche oder im Wohnzimmer. Achten Sie darauf, nur unbedenkliche Materialien zu verwenden, da junge Kätzchen gerne überall knabbern. Ein Karton mit einer waschbaren Decke kann zunächst ausreichen.

Hygiene ist essentiell

Stellen Sie sicher, dass der Futternapf stabil und rutschfest ist. Keramiknäpfe oder Näpfe mit Gummifüßen sind ideal. Wichtig ist, dass Sie den Napf nach jeder Mahlzeit reinigen, um Sauberkeit und Gesundheit zu gewährleisten.

Denken Sie daran, dass junge Kätzchen viel Schlaf brauchen. Sorgen Sie also für ausreichend Ruhezeiten und einen sicheren Schlafplatz.

Mit der richtigen Vorbereitung und einem liebevollen Ansatz werden Sie und Ihr neues Kätzchen ein erfülltes gemeinsames Leben haben. Nehmen Sie sich die Zeit, sich gut vorzubereiten und zu informieren. Ihr Kätzchen wird es Ihnen danken.

Spielzeugschrank für Ihr Kätzchen auffüllen

Der erste Besuch in einem Tierfachgeschäft wird Sie wahrscheinlich über die Vielzahl an Spielzeugen für Katzen erstaunen lassen. Die Auswahl ist riesig und bunt, ähnlich wie Spielzeug für Kinder. Doch Vorsicht ist geboten: Nicht jedes Spielzeug ist für Ihr Kätzchen geeignet. Es sollte stabil genug sein, um das Risiko des Verschluckens von Kleinteilen zu vermeiden, und groß genug, damit es nicht versehentlich geschluckt werden kann.

Stoffspielzeuge, die sich drehen oder Rasseln, sind eine hervorragende Wahl, da sie lange Unterhaltung bieten und sicher sind, falls mal etwas abgeknabbert wird. Große, robuste Gummibälle, die zu groß sind, um vom Kätzchen verschluckt zu werden, sind ebenfalls zu empfehlen.

Keine Strafen, sondern Geduld

Es ist wichtig, immer liebevoll und geduldig mit Ihrem Kätzchen umzugehen. Wenn es mal etwas umstößt oder ein kleines Malheur passiert, schimpfen Sie nicht. Das könnte Ihr Kätzchen nur verängstigen und verunsichern.

Versuchen Sie stattdessen, eine positive und entspannte Umgebung zu schaffen, in der Sie und Ihr Kätzchen sich kennenlernen können. Dies fördert das Vertrauen und legt den Grundstein für ein glückliches Zusammenleben.

Das Starter-Kit für Ihr Kätzchen

Egal, ob Sie auf dem Land oder in der Stadt wohnen, es gibt einige Grundlagen, die Ihr Kätzchen braucht. Besorgen Sie diese Dinge, bevor Ihr neues Familienmitglied eintrifft, und richten Sie alles an seinem künftigen Platz ein.

Futter- und Wassernäpfe: Wählen Sie stabile Modelle, idealerweise aus Keramik.

Schlafplatz: Vermeiden Sie Materialien, die beim Knabbern Schaden anrichten könnten. Eine weiche, waschbare Decke ist ideal.

Katzenmarke: Mit Ihren Kontaktdaten und denen Ihres Tierarztes.

Halsband: Wählen Sie ein Halsband mit Sicherheitsverschluss.

Pflegeprodukte: Bürsten und Kämme für die Fellpflege.

Transportbox: Achten Sie auf eine Box, die evtl.auch für Reisen geeignet ist.

Futter: Eine ausgewogene, nahrhafte Kost ist essentiell.

Leckereien: Perfekt für die Erziehung und als Belohnung.

Spielzeug: Für die Beschäftigung und das Wohlbefinden Ihres Kätzchens.
Mit dieser Grundausstattung sind Sie bestens vorbereitet, um Ihr Kätzchen willkommen zu heißen.

Im Laufe der Zeit werden Sie herausfinden, was Ihr kleiner Freund besonders mag und das Zubehör entsprechend anpassen können.

Wichtiger Tipp zum Einzug Ihrer kleinen oder großen Burmakatze

Ein sanfter und ruhiger Empfang ist entscheidend.

Burmakatzen sind von Natur aus neugierig und anpassungsfähig, aber der Wechsel in eine neue Umgebung kann dennoch stressig sein. Öffnen Sie den Transportkorb direkt vor der Katzentoilette.

Dies ist ein wesentlicher Tipp, um Ihrem Kätzchen sofort zu zeigen, wo sich seine Toilette befindet.

Katzen, auch junge Kätzchen, haben von ihrer Mutter gelernt, sauber zu sein.

Die direkte Einführung zur Katzentoilette hilft Ihrem neuen Freund, sich schnell zurechtzufinden und fördert das natürliche Bedürfnis nach Sauberkeit.

Tipps für freigänger-Katzen

Ein Außenbereich-Paradies für Ihre Burmakatze

Das Leben im Freien kann für Katzen eine bereichernde Erfahrung sein, besonders für die neugierige und verspielte Burmakatze.

Ein sicherer, geschützter Zugang zur Natur ermöglicht es ihr, die Umgebung zu erkunden, zu klettern und ihre natürlichen Instinkte auszuleben, während sie gleichzeitig vor Gefahren geschützt ist.

Sicherheit und Eingewöhnung

Bevor Ihre Burmakatze den Freigang genießen kann, ist es wichtig, dass sie sich in ihrem Zuhause wohl und sicher fühlt.

Eine Eingewöhnungszeit von mindestens vier Wochen, in der die Katze ausschließlich im Haus bleibt, hilft ihr, eine Bindung zum neuen Zuhause aufzubauen und sich dort sicher zu fühlen.

Impfschutz und Kennzeichnung

Das Leben im Freien bringt Risiken mit sich, daher ist ein umfassender Impfschutz unerlässlich, um Ihre Burmakatze vor Krankheiten zu schützen.

Eine eindeutige Kennzeichnung, wie ein Mikrochip und ein Namensschild am Halsband, erhöht die Chance, dass Ihre Katze im Falle eines Verlustes oder einer Verletzung zu Ihnen zurückfindet.

Ein Sicherheitshalsband, das sich bei starkem Zug automatisch öffnet, kann Verletzungen verhindern.

Fütterungsstrategie

Eine durchdachte Fütterungsroutine trägt dazu bei, dass Ihre Burmakatze regelmäßig nach Hause zurückkehrt.

Füttern Sie sie nach ihren Ausflügen, damit ein leichtes Hungergefühl sie zur Rückkehr motiviert. Eine verlässliche Mahlzeit daheim signalisiert, dass es sich lohnt, nach den Abenteuern heimzukehren.

Kastration ist wesentlich

Die Kastration Ihrer Burmakatze ist wichtig für ihre Gesundheit und ein verantwortungsvoller Schritt zur Vermeidung ungewollter Nachkommen.

Kastration kann Verhaltensprobleme verringern und trägt dazu bei, die Katzenpopulation zu kontrollieren.

Der Traum vom sicheren Freigang

Ein abgesichertes Außengehege oder ein katzensicherer Balkon bietet eine großartige Alternative oder Ergänzung zum freien Zugang ins Freie, besonders in städtischen Gebieten.

Diese Optionen ermöglichen Ihrer Burmakatze, frische Luft zu genießen und die Außenwelt sicher zu erkunden.

Durch die Berücksichtigung dieser Richtlinien schaffen Sie für Ihre Burma-katze eine sichere und anregende Umgebung, die ihr die Geborgenheit des Zuhauses und die Vielfalt der Natur bietet.

Tipps für Katzen ohne freigang

Die Haltung einer Burmakatze als reine Wohnungskatze ist nicht nur machbar, sondern kann sowohl für die Katze als auch für den Besitzer äußerst bereichernd sein.

Burmakatzen sind für ihre ausgeprägte Anpassungsfähigkeit und ihre liebevolle Natur bekannt, was sie zu idealen Gefährten für ein Leben in Innenräumen macht.

Um ein erfülltes und gesundes Leben für Ihre Burmakatze ohne Freigang zu gewährleisten, sind folgende Aspekte entscheidend:

Genügend Raum zur Entfaltung

Trotz ihrer mittleren Größe benötigen Burmakatzen ausreichend Platz zum

Bewegen und Erkunden. Eine geräumige Wohnumgebung mit vielen Kletter-
möglichkeiten, Regalen und sicheren Rückzugsorten fördert ihre körperliche
Aktivität und bietet gleichzeitig Orte zum Entspannen.

Spiel und Beschäftigung

Diese intelligenten und verspielten Katzen brauchen geistige Anregung und
körperliche Betätigung.

Interaktives Spielzeug wie Federangeln und Rätselspiele, die Leckerlis verstecken, helfen, Langeweile zu vermeiden und ihr natürliches Jagdverhalten zu
stimulieren. Regelmäßige Spielzeiten vertiefen zudem die Bindung zwischen
Ihnen und Ihrer Burmakatze.

Krallenpflege

Burmakatzen müssen ihre Krallen schärfen und ihr Territorium markieren.
Verschiedene Kratzbäume und Kratzmatten in unterschiedlichen Formen und
Größen unterstützen dieses Bedürfnis und schützen Möbel vor Beschädigun-
gen.

Fellpflege

Obwohl Burmakatzen für ihr pflegeleichtes, kurzes Fell bekannt sind, fördert
regelmäßiges Bürsten den Glanz des Fells und reduziert lose Haare.

Dies dient nicht nur der Fellpflege, sondern auch als angenehme Zeit der Zuwendung.

Ernährung

Eine ausgewogene und hochwertige Ernährung ist essenziell für die Gesundheit Ihrer Burmakatze.

Ein auf Alter, Gesundheitszustand und Aktivitätsniveau abgestimmtes Futter
unterstützt ihr Wohlbefinden. Ausreichende Wasseraufnahme ist ebenfalls
wichtig, um Harnwegserkrankungen vorzubeugen.

Gesundheitsvorsorge

Regelmäßige tierärztliche Untersuchungen sind unerlässlich, um die Gesundheit Ihrer Burmakatze zu überwachen und frühzeitig auf mögliche Probleme

reagieren zu können. Impfungen, Parasitenprävention und Zahnhygiene sollten dabei nicht vernachlässigt werden.

Gesicherte Balkone und Fenster

Wenn Sie Ihrer Burmakatze Zugang zu einem Balkon ermöglichen möchten, ist es wichtig, diesen sicher einzuzäunen, um Stürze zu verhindern.

Fenster sollten mit Netzen oder Gittern gesichert werden, um ein Entweichen oder Verletzungen zu vermeiden.

Zusammenfassend lässt sich sagen, dass Burmakatzen mit der richtigen Pflege und Aufmerksamkeit auch als reine Wohnungskatzen ein glückliches und gesundes Leben führen können.

Die Bereitstellung von ausreichend Raum, anregenden Aktivitäten und regelmäßiger Pflege trägt maßgeblich zu ihrem Wohlbefinden bei und stärkt die Beziehung zwischen Ihnen.

Ich fühle mich sauwohl :-)

"Katzen erreichen mühelos, was uns Menschen versagt bleibt: durchs Leben zu gehen, ohne Lärm zu machen."

-Ernest Miller Hemingway

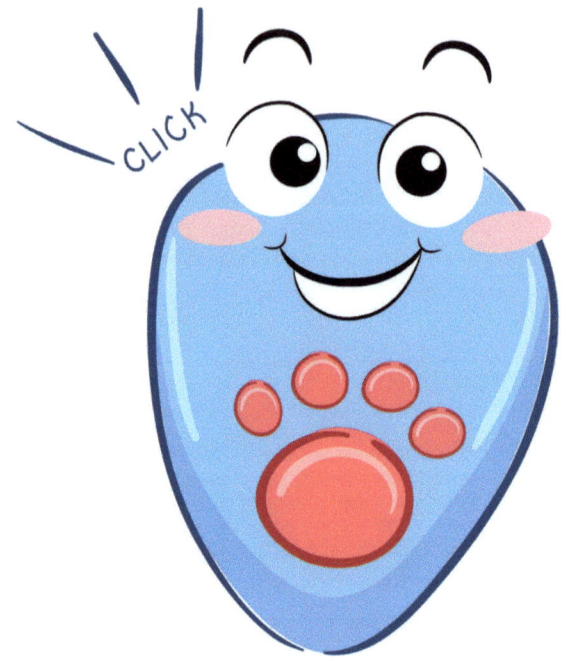

Klickertraining leicht gemacht.

Katzen und Klickertraining

Eine innovative Methode zur Förderung der Intelligenz und Bindung

Das Klickertraining, eine Methode, die häufig bei der Ausbildung von Hunden zum Einsatz kommt, erweist sich auch als äußerst effektiv bei Katzen.

Dieser positive Verstärkungsansatz nutzt einen klaren, wiedererkennbaren Ton (den „Klick"), um erwünschtes Verhalten im exakten Moment seiner Ausführung zu markieren und zu belohnen.

Dadurch wird es für die Katze einfacher zu verstehen, welches Verhalten belohnt wird.

Damit klappt das Training!

Grundlagen des Klickertrainings

Das Klickertraining basiert auf der Idee, dass Verhalten, das belohnt wird, wahrscheinlich wiederholt wird.

Der Klicker dient dabei als Brücke zwischen dem gewünschten Verhalten und der Belohnung, meist in Form eines Leckerlis.

Diese Methode stärkt nicht nur die geistige Fähigkeit der Katze und fördert ihre natürlichen Instinkte, sondern vertieft auch die Bindung zwischen Katze und Halter.

Vorteile des Klickertrainings

Förderung der Intelligenz

Katzen sind von Natur aus neugierig und genießen Herausforderungen. Das Klickertraining stimuliert ihre geistige Aktivität und hilft, Langeweile und destruktives Verhalten zu vermeiden.

Verbesserung der Bindung

Die positive Interaktion während des Trainings stärkt das Vertrauen und die Beziehung zwischen Ihnen und Ihrer Katze.

Anpassungsfähigkeit

Das Training kann an die individuellen Fähigkeiten und Vorlieben Ihrer Katze angepasst werden, was es zu einer flexiblen Methode für eine Vielzahl von Zielen macht.

Stressabbau

Durch die Konzentration auf das Training kann die Katze Stress und Angst abbauen, was zu einem ausgeglicheneren und glücklicheren Haustier führt.

Wie Sie beginnen

Auswahl des Klickers

Beginnen Sie mit der Auswahl eines Klickers, der einen deutlichen, aber nicht zu lauten Klang erzeugt, um Ihre Katze nicht zu erschrecken.

Verknüpfung des Klicks mit einer Belohnung

Das erste Ziel ist es, Ihrer Katze beizubringen, dass ein Klick immer eine Belohnung nach sich zieht. Jedes Mal, wenn Sie klicken, geben Sie sofort ein Leckerli.

Markierung des Verhaltens

Sobald Ihre Katze den Klicker versteht, beginnen Sie, erwünschtes Verhalten im Moment seiner Ausführung mit einem Klick zu markieren, gefolgt von einer Belohnung.

Schrittweises Training

Beginnen Sie mit einfachen Kommandos oder Tricks und bauen Sie das Training schrittweise aus. Übungseinheiten sollten kurz, aber regelmäßig sein, um die Aufmerksamkeit der Katze zu halten.

Abschlussgedanken

Das Klickertraining bietet eine hervorragende Möglichkeit, die kognitiven Fähigkeiten Ihrer Katze zu fördern, gleichzeitig Spaß zu haben und Ihre Bindung zu stärken.

Es erfordert Geduld, Konsistenz und positive Verstärkung, aber die Ergebnisse sind für Sie und Ihre Katze gleichermaßen lohnend.

Ob Sie Ihrer Katze beibringen möchten, auf Kommandos zu reagieren, durch Reifen zu springen oder einfach nur ihre geistige Gesundheit und ihr Wohlbefinden zu fördern, das Klickertraining öffnet die Tür zu einer neuen Ebene der Kommunikation und des Verständnisses zwischen Ihnen und Ihrem faszinierenden pelzigen Freund.

Katzensprache und Kommunikation

Katzen kommunizieren auf vielfältige Weise, wobei ihre Lautsprache ein wesentlicher Bestandteil ihrer Interaktion mit der Umwelt, anderen Katzen und insbesondere mit Menschen ist.

Jeder Laut, den eine Katze von sich gibt, trägt eine besondere Bedeutung und bietet Einblick in ihr emotionales und physisches Wohlbefinden.

Miauen

Das Miauen ist wohl der bekannteste Laut, den Katzen von sich geben. Es ist besonders interessant, dass Katzen hauptsächlich mit Menschen miauen und seltener, wenn sie mit anderen Katzen kommunizieren.
Das Miauen kann verschiedene Bedeutungen haben, abhängig von seiner Tonhöhe, Lautstärke und Dauer.

Ein kurzes Miau kann eine Begrüßung sein, während ein langgezogenes Miauen oft ein Zeichen von Bedürftigkeit oder Verlangen ist, wie zum Beispiel Hunger oder den Wunsch nach Aufmerksamkeit.

Schnurren

Das Schnurren ist ein tiefes, vibrierendes Geräusch, das oft als Ausdruck von Zufriedenheit und Wohlbefinden interpretiert wird.

Jedoch können Katzen auch in Zeiten von Schmerz oder Unwohlsein schnurren, was vermuten lässt, dass es auch eine Selbstberuhigungsmethode oder ein Mittel zur Schmerzlinderung sein könnte.

Das Schnurren entsteht durch schnelle Bewegungen der Stimmbänder, während die Katze ein- und ausatmet.

Fauchen

Ein scharfes, zischendes Geräusch, das Fauchen, signalisiert Unbehagen, Angst, Aggression oder Verteidigungsbereitschaft.

Es dient als Warnung an andere Katzen, Tiere oder Menschen, sich zu entfernen oder mit Vorsicht zu handeln.

Das Fauchen ist oft begleitet von einer Körperhaltung, die Bereitschaft zum Kampf oder zur Flucht signalisiert.

Knurren

Das Knurren bei Katzen ist ein tiefes, grollendes Geräusch, das ähnlich wie das Fauchen als Warnsignal dient.

Es zeigt Unzufriedenheit oder Bedrohung an und kann ein Vorläufer zu aggressiverem Verhalten sein. Katzen können knurren, um ihr Territorium zu verteidigen oder ihre Unzufriedenheit mit einer Situation oder einem anderen Tier auszudrücken.

Schreien

Ein lautes, durchdringendes Schreien, oft in Konfliktsituationen oder während der Paarungszeit von Katzen zu hören, zeigt hohe Erregung, Schmerz oder Aggression an.

Dieser Laut ist unverkennbar und deutet darauf hin, dass die Katze in einer extremen emotionalen Verfassung ist.

Schnattern bzw. Keckern

Das Schnattern oder Keckern ist ein faszinierendes Geräusch, das Katzen häufig beim Betrachten von Vögeln oder anderen Beutetieren durch Fenster von sich geben.

Es klingt wie ein leises Klicken oder Klappern mit dem Mund und wird vermutlich durch die Frustration oder Erregung ausgelöst, die Beute zu sehen, aber nicht erreichen zu können.

Einige Theorien schlagen vor, dass es die Bewegungen der Beute imitiert oder ein Übersprungverhalten in der Jagdvorbereitung ist.

Jeder dieser Laute spielt eine wichtige Rolle in der komplexen Lautsprache der Katzen und hilft, ihren emotionalen Zustand und ihre Bedürfnisse zu kommunizieren.

Durch aufmerksames Zuhören und Beobachten der Umstände, unter denen diese Laute produziert werden, können Katzenhalter lernen, ihre pelzigen Freunde besser zu verstehen und auf ihre Bedürfnisse einzugehen.

Augen

Katzen kommunizieren viel durch ihre Augen. Langsames Blinzeln kann als Zeichen des Vertrauens und der Entspannung interpretiert werden, quasi als Katzenkuss.
Fixierte, weit aufgerissene Augen signalisieren hingegen Aufregung oder Angst. Wenn die Pupillen verengt sind, kann dies Interesse oder Aggression bedeuten.

Ohren

Die Stellung der Ohren gibt Aufschluss über die Stimmung der Katze.
Nach vorne gerichtete Ohren zeigen Interesse oder Aufmerksamkeit an. Seitwärts oder nach hinten gedrehte Ohren deuten auf Unbehagen, Furcht oder Aggression hin.

Flach an den Kopf angelegte Ohren sind ein klares Zeichen von Angst oder Aggressivität.

Schwanz

Der Schwanz ist ein wichtiges Kommunikationsmittel. Ein ruhig gehaltener Schwanz, der leicht nach oben gekrümmt ist, signalisiert Zufriedenheit.
Ein peitschender oder hin und her bewegter Schwanz zeigt Erregung, Frustration oder Ärger an. Ein aufgeplusterter Schwanz deutet auf Furcht oder defensive Aggression hin.
Ein zwischen die Beine geklemmter Schwanz ist ein Zeichen von Angst.

Körperhaltung

Die allgemeine Körperhaltung einer Katze gibt Aufschluss über ihre Stimmung und Absichten. Eine entspannte Katze liegt oder sitzt mit lockerem Körper.
Eine angespannte, geduckte Haltung mit dem Körper am Boden kann Vorsicht oder Angst bedeuten.
Ein aufgerichteter Körper mit durchgedrücktem Rücken zeigt Aggression oder Abwehrbereitschaft an.

Schnurrhaare

Auch die Stellung der Schnurrhaare kann Stimmungen anzeigen. Vorgestreckte Schnurrhaare zeigen Interesse und Aufmerksamkeit, während angelegte Schnurrhaare ein Zeichen von Angst oder Aggression sein können.

Körperkontakt

Katzen zeigen ihre Zuneigung und ihr Vertrauen durch Körperkontakt. Kopfstöße, das Reiben ihres Körpers an Beinen oder Händen und das Kuscheln sind alles Zeichen von Liebe und Wohlbefinden.

In manchen Fällen kann das Auf-den-Rücken-Legen und das Präsentieren des Bauches ebenfalls Vertrauen bedeuten, allerdings mögen es viele Katzen nicht, am Bauch berührt zu werden.

Krallen und Beißen

Leichtes Kneifen oder sanftes Krallen während des Spielens sind normal und zeigen spielerische Stimmung. Jedoch ist starkes Beißen oder Kratzen ein Zeichen von Ärger oder Furcht und sollte als Aufforderung verstanden werden, die Katze in Ruhe zu lassen.

Lecken

Lecken kann verschiedene Bedeutungen haben, abhängig vom Kontext. Es kann Zuneigung, Besitzanspruch oder auch eine beruhigende Geste sein.

Durch die Beobachtung dieser verschiedenen Aspekte der Körpersprache können Katzenhalter lernen, die Bedürfnisse und Emotionen ihrer Katzen besser zu verstehen und darauf zu reagieren.

Es ist wichtig, auf die gesamte Körpersprache und den Kontext zu achten, um Missverständnisse zu vermeiden und eine starke Bindung zu Ihrer Katze aufzubauen.

Zuneigung :-)

„Es gibt zwei Möglichkeiten, dem Elend der Welt zu entfliehen:
die Musik und die Katzen.“
-Albert Schweitzer

Allgemeines Katzenverhalten

Katzen haben ihr ganz eigenes Verhalten. Dieser Grundsatz gilt für die Art, aber auch für eine bestimmte Rasse und letztlich für jedes einzelne Tier. Als

Beispiel: Katzen sind generell soziale Tiere, die, entsprechend sozialisiert, auch gut mit anderen Tieren zurechtkommen. Burmakatze sind bekannt dafür, auch mit im selben Haushalt lebenden Hunden i. d. R. keinerlei Probleme zu haben. Trotzdem kenne ich einen Coonie Kater, der Hunde hasst wie der Teufel das Weihwasser.

Sie sehen also: Es gibt Grundsätzlichkeiten, die allgemein richtig sind, genau bei Ihrem Tier aber trotzdem ganz anders sein können. Bitte nehmen Sie das als gegeben hin.

Jede Katze hat ihren ganz eigenen Charakter und als eigenständiges Individuum auch das Recht, sich so zu geben, wie es ihr gefällt. Soviel vorab. Bevor ich auf viele typische Verhaltensweisen unserer Samtpfoten eingehe, möchte ich Ihnen zunächst deren Sinnesleistungen erklären, da diese auch direkt mit dem Verhalten unserer Miezen zusammenhängen.

Wenn Sie wissen, dass Ihrer Katze rund dreimal so gut hören kann wie Sie, wird es Sie nicht weiter verwundern, dass das Tier allzu laute Rockmusik nicht eben leiden mag.

Sinnesleistungen

Generell ist davon auszugehen, dass der Sehsinn unserer Katzen vor allem auf die Wahrnehmung von Bewegungen ausgerichtet ist, die Sehleistung hinsichtlich Detailwahrnehmung und Schärfe dagegen sind eher durchschnittlich.

Das überaus feine Gehör hilft besonders bei der Jagd, wobei unsere Samtpfoten eine besondere Begabung haben, Geräuschrichtungen gut zu erkennen. Auch wenn Katzen einen weitaus besseren Geruchssinn haben als wir Menschen, so ist er doch, im Vergleich beispielsweise zu Hunden, eher weniger stark ausgeprägt.

Der Sehsinn

Die großen Augen unserer Samtpfoten sind frontal ausgerichtet, was ihnen ein räumliches Sehen und exaktes Einschätzen von Entfernungen ermöglicht.

Katzen nehmen besonders gut rasche, vor allem geradlinige Bewegungen war; bei Dunkelheit benötigen sie im Vergleich zu uns Menschen gerade einmal ein Sechstel der Lichtmenge um ein Bild „empfangen" und verarbeiten zu können.

Dies erklärt auch, warum sie nachtaktive Tiere sind.
In einem vollständig abgedunkelten Raum dagegen sind allerdings auch Katzen blind.

Ihre Augen kann eine Katze nur sehr eingeschränkt seitlich bewegen. Um in eine andere Richtung zu blicken, muss sie daher ihren Kopf bewegen. Sie verfügt aber dennoch über ein ausgesprochen gutes räumliches Sehen, da die nach vorne gerichteten Augen sich stark überschneidende Sehachsen haben. Katzen erreichen einen Blickwinkel von 200 bis 220°. Bei abnehmender Helligkeit öffnen sich die schlitzförmigen Pupillen kreisrund, wodurch das vorhandene Restlicht besser aufgenommen werden kann. Die Sehschärfe nimmt dabei natürlich ab.

Die bei Helligkeit schlitzförmigen Pupillen haben zur Folge, dass die Sehschärfe für waagerechte und senkrechte Bewegungen und Strukturen unterschiedlich ausfällt: sie sehen senkrechte Linien schärfer, waagerechte dagegen weniger klar. Deshalb kann Mieze horizontale Bewegungen besser wahrnehmen als vertikale und dies ist auch der Grund, weshalb sie ihren Kopf oft schräg hält, wenn sie eine Beute anvisiert.

Farbdifferenzen nehmen Katzen weniger gut wahr, da sie nur grün und blau genauso erkennen können wie wir, rot dagegen nicht. Dies erscheint ihnen wahrscheinlich eher in einem Gelbton. Wissenschaftliche Untersuchungen haben ergeben, dass Katzen blau ganz besonders gut erkennen können, weshalb sie diese Farbe auch offensichtlich bevorzugen.

Übrigens kommen alle Katzen mit hellblau gefärbter Iris zur Welt. Die im Erwachsenenalter bestehende Augenfarbe entwickelt sich erst in den ersten drei Lebensmonaten.

Gehör

Das Gehör ist bei allen Katze ausgesprochen gut ausgebildet und zählt damit zu den besten unter den Säugetieren. Es ist empfindlicher als das des Hundes und sehr viel leistungsfähiger als das des Menschen. Der Frequenzumfang des Gehörs der Katze umfasst 10,5 Oktaven. In den niedrigsten Frequenzbereichen ist es mit dem des Menschen vergleichbar, in den mittleren Frequenzen dagegen weit überlegen. Die obere Frequenzgrenze (100 kHz) liegt im Bereich der Geräusche, die Mäuse als wichtigste Beutetiere von sich geben. Es ist zudem ein Frequenzbereich, in dem die Schallquellen wesentlich besser lokalisiert werden können. Die Katze verharrt dazu unbeweglich und richtet die meist großen, aufgerichteten und beweglichen Ohren in die Richtung, aus der das Geräusch kommt. Beim Fressen auf Bodenniveau stellt die Katze ihre Ohren automatisch nach hinten, damit die Eigengeräusche nicht von der Umgebung, in der sich auch Feinde annähern könnten, ablenken.

Gleichgewichtssinn

Katzen sind auch in großen Höhen schwindelfrei und sie haben einen überragenden Gleichgewichtssinn. Daran wird niemand zweifeln, der einmal gesehen hat, wie diese grazilen Tiere auch auf dünnsten Ästen und in unglaublichen Höhen ihren Standort wechseln.

Bei einem Fall aus zwei bis drei Metern Höhe können sie sich aus fast jeder Lage reflexhaft in die Bauchlage drehen und landen mit nach unten ausgestreckten Pfoten auf dem Boden. Dazu winkelt die Katze ihren gesamten Körper mittig an und rotiert dann Vorderteil und Hinterteil um die zwei nun unabhängigen Längsachsen. Anders als früher angenommen, spielt die Rotation des Schwanzes nur eine untergeordnete Rolle, da dessen Masse viel zu gering ist, um dem restlichen Körper einen ausreichenden Drehimpuls zu verleihen. Beim Fall aus sehr großen (nicht aber mittleren) Höhen wirkt diese Position, die extrem gespreizten Pfoten sowie das sich aufblähende lockere Fell am Übergang der Beine zum Bauch als Fallschirm und kann die Aufprallgeschwindigkeit und damit die Verletzungsgefahr erheblich reduzieren. Das bedeutet aber nicht, dass Katzen immer unbeschadet einen Sturz überstehen!

Geruchs- und Geschmackssinn

Der Geruchssinn der Katze ist weniger ausgeprägt als ihr Gehör oder ihr Sehsinn. Er ist schwächer als der des Hundes, aber deutlich besser als der des Menschen. Wie bei allen Säugetieren dient er der sensorischen Prüfung von Nahrung und der Wahrnehmung und Erkennung von Artgenossen und anderen Lebewesen.

Katzen können salzig, sauer, bitter und umami unterscheiden, aber süßen Geschmack nicht wahrnehmen. Sie verlieren den Appetit, wenn sie ihren Geruchssinn beispielsweise durch Erkältungen einbüßen.

Katzen erkennen einander am Körpergeruch, der etwas über Geschlecht, Gene, hormonellen Status und Revieransprüche aussagt. Sowohl Männchen als auch Weibchen markieren ihre Reviere immer an denselben, regelmäßig inspizierten Stellen durch Duftmarken, die aus Absonderungen aus Schweiß- und Talgdrüsen gebildet und durch Reiben oder Krallenwetzen oder durch Verspritzen von Urin (Kater) gesetzt werden, der sich durch einen strengeren Geruch vom eigentlichen Urin unterscheidet. Verschiedene Ursachen für den Geruch sind möglich, so finden sich beim Harnmarkieren die Aminosäuren Felinin und Isovalthen in der Flüssigkeit – bei Katern zu einem wesentlich höheren Anteil als bei Katzen.

Die Schweißdrüsen sitzen vor allem an den Fußballen, im Umkreis des Mauls, am Kinn, um die Brustwarzen und um den Anus. Die Talgdrüsen sind am Oberkiefer, an der Schwanzwurzel und beim Männchen unter der Vorhaut konzentriert. Kater haben zusätzlich eine Anhäufung von Duftdrüsen in einer Art mit einem Kanal versehenen Tasche neben dem Anus. Alle Schweiß- und Talgdrüsen dienen hauptsächlich der Kommunikation über den Geruch durch Reiben an Gegenständen, Artgenossen und Personen. Beim Aufnehmen von Düften hilft

Katzen ein spezielles Organ, das zwischen Rachen- und Nasenhöhle sitzt und Jacobsonsches Organ genannt wird.

In Momenten starker Gefühlsregung kann es vorkommen, dass sich der anale Drüsenbeutel der Katze entleert und eine strengriechende braune Flüssigkeit freigibt. An einigen Düften können sich Katzen erregen und „flehmen" dann mit halb offenem Mund mit hochgezogener Oberlippe und gekräuselter Nase. Zu diesen Düften gehören Geruchsstoffe von Pflanzen, im Besonderen Katzenminze, Baldrian, aber auch dem Menschen eigene Gerüche. Zudem werden durch das „Flehmen" oft neue Gerüche aufgenommen und abgespeichert.

Tastsinn

Katzen haben einen hochentwickelten Tastsinn. Sie besitzen über den ganzen Körper verteilt Tastrezeptoren. Die hauptsächlich an Ober- und Unterlippe sowie über den Augen befindlichen langen Tast- bzw. Schnurrhaare (Vibrissen), deren Wurzeln mit dem weitverzweigten Netz der Nervenenden verbunden sind, signalisieren, wenn eine Öffnung zu eng oder ein Hindernis im Weg ist. Die Schnurrhaare können beträchtliche Länge erreichen, sind beweglich und wachsen nach dem Ausfallen nach. Mit ihrer Hilfe erkennen sie Gegenstände und Tiere, die sie in der Dunkelheit nicht sehen können. Besonders empfindlich sind auch Rezeptoren an den Vorderpfoten, welche die durch Beutetiere ausgelösten Bodenerschütterungen wahrnehmen. Das Vorhandensein der Vibrissen bereits bei neugeborenen Katzen unterstreicht die Wichtigkeit des Tastsinnes für die Katze.

Die alte Meinung, Hauskatzen seien per se Einzelgänger, ist widerlegt. Es gibt zwar – wie bei allen sozialen Tierarten – auch unter den Hauskatzen Einzelgänger, von Natur aus sind sie jedoch soziale Tiere. Beobachtet man größere Katzenpopulationen, beispielsweise auf vielen Bauernhöfen oder in manchen Großstädten, wie zum Beispiel in Rom vor dem Kolosseum, sind vielfältige soziale Interaktionen zwischen den Tieren augenfällig. Da die allermeisten anderen Katzenarten Einzelgänger sind, bildet die Hauskatze zusammen mit den Löwen eine Ausnahme von der Regel.

Im Gegensatz zu den Löwen, welche als echte Rudeltiere auch zusammen auf die Jagd gehen, geht die Hauskatze allerdings alleine auf die Jagd. Sie ist aufgrund der Größe ihrer Beutetiere nicht auf andere Katzen angewiesen und dadurch jederzeit auch alleine dauerhaft überlebensfähig. Das Zusammenleben in einer Gruppe ist bei den Hauskatzen also fakultativ (d. h. freiwillig; vom lateinischen facultas „Möglichkeit"). Die Tatsache, dass Hauskatzen soziale Tiere sind, war überhaupt erst die Grundlage für ihre Domestikation und ermöglicht die Interaktion mit dem Menschen. Im Gegensatz dazu sind Einzelgänger wie die Europäische Wildkatze nicht domestizierbar.

Sozialverhalten

Auf dem Land, wenn Katzen zwar zu einem Haus gehören, aber dort außerhalb der direkten Kontrolle durch den Menschen leben, schließen sie sich häufig zu kleinen Gruppen aus verwandten Weibchen, deren Jungen, halbwüchsigen Jungen und ein oder zwei Katern zusammen. Die vielen Katzen in den verschiedenen Farben stammen gewöhnlich alle von einer einzigen Katze ab, welche die Begründerin dieser Gemeinschaft war.

Während sich die Männchen beim Erreichen der Geschlechtsreife meist zerstreuen und neue Reviere aufsuchen, bleiben die Weibchen im Revier der Mutter und vergrößern so die Gruppe. Sie ziehen die Jungen auf und verjagen fremde Eindringlinge, zeigen sich aber gegenüber ausgewachsenen Katern toleranter, da jene größer und aggressiver sind. Auch wenn sie das vom Menschen bereitgestellte Futter teilen, bleiben sie auf der Jagd jedoch Einzelgänger. Anders als Löwen jagen Hauskatzen nicht gemeinschaftlich. Bei Einbruch der Nacht schleichen sie allein durch die Wiesen und Wälder und suchen nach Beute. Ihre Jagdmethode, die sie als Schleich- oder Lauer Jäger charakterisiert, ähnelt der ihrer wild lebenden Verwandten: Anschleichen an die Beute und Ansprung aus kürzester Entfernung. Besonders jüngere Katzen reagieren auf bewegte Gegenstände fast wie auf lebendige Beute, wodurch sie ihre Jagdfähigkeiten trainieren („Spieltrieb").

In großen Städten, in denen sich die Ämter nicht verstärkt um die Unterbringung herumstreunender Tiere in Tierheimen kümmern und ein entsprechend reichliches Nahrungsangebot vorhanden ist, halten sich oft zahlreiche Katzen in bestimmten Bereichen auf. In städtischen Gärten, auf Friedhöfen, an Ausgrabungsstätten und auch in Industriegebieten können sich große Kolonien bilden. Innerhalb der Kolonien besteht eine Rangordnung von kleineren, matriarchalischen Gruppen.

Kommunikation

Katzen kommunizieren durch Körpersprache, Laute und Gerüche. Duftsignale werden sowohl zur Kommunikation in der direkten Begegnung als auch auf weite Entfernungen eingesetzt. Talg- und Schweißdrüsen produzieren die dafür notwendigen Duftstoffe, die durch Reiben, Kratzen und Urin an Gegenständen, Pflanzen und Personen verteilt werden.

Schlafverhalten

Katzen schlafen meistens mehrmals während des Tages. Der Schlaf verläuft in den Phasen des flachen Schlafs und des Tiefschlafs. Zudem ruht sich die Katze auch aus, indem sie sich ohne zu schlafen mit geschlossenen Augen hinlegt.

Seit 1955 wurden zur Erforschung dieses Verhaltens zahlreiche Experimente angestellt. In der Phase des flachen Schlafs wacht die Katze beim geringsten Geräusch auf. Darauf folgt der Tiefschlaf mit einer Phase, die man paradoxen Schlaf nennt und die der Traumphase entspricht. Die Muskeln sind dabei entspannter und die Aufwachschwelle ist deutlich höher. Nach EEG-Messungen herrscht in dieser Phase eine Hirnaktivität, die mit jener der Wachphasen vergleichbar ist.
Ein weiteres Anzeichen für die Traumphase sind die schnellen Augenbewegungen (Rapid Eye Movement = REM) unter dem geschlossenen Lid. Manchmal zucken Beine, Schwanz, Haut und Schnurrhaare. Nach sechs oder sieben Minuten Tiefschlaf folgt eine etwa 20 bis 30 Minuten lange Phase flachen Schlafs. Schlafphasen folgen auf Traumphasen. Dann gähnt die Katze, steht auf, wechselt ihre Position und schläft wieder ein.

Nimmt die Katze während des Schlafens ein ungewohntes Geräusch wahr, öffnet sie ein Auge. Kann sie das Geräusch immer noch nicht identifizieren, ist sie rasch wach und aufmerksam. Wenn sie aber von allein aufwacht, gähnt sie zunächst ausgiebig und beginnt dann, sich zu strecken. Dabei wird durch präzise und sorgfältige Bewegung jeder Muskel gedehnt.

Eine in die menschliche Familie integrierte freilaufende Katze hat üblicherweise kein Problem damit, die Nacht im Haus überwiegend schlafend zu verbringen. Genauso aber kann sie umgekehrt die Nacht im Freien verbringen und den größten Teil des Tages im Hause schlafen. Hier sind individuelle Verhaltensmuster weit gestreut und wechseln auch nach Wetter und Jahreszeit.

Fortpflanzung

Weibliche Katzen werden zwischen dem vierten und zwölften Lebensmonat geschlechtsreif und damit zum ersten Mal rollig. Der Eintritt in die Geschlechtsreife wird von verschiedenen Faktoren wie Jahreszeit, Tageslichtdauer, Körperkondition und Rasse beeinflusst. Langhaarkatzen werden häufig erst mit 11 bis 21 Monaten geschlechtsreif. Während der Rolligkeit ist die Katze etwa fünf bis sechs Tage lang empfänglich, der Follikelsprung vollzieht sich zumeist nur, wenn die Katze gedeckt wird, manchmal reichen aber bereits visuelle oder Geruchsreize (Pheromone) zu dessen Auslösung aus.

Eine rollige Katze reibt sich ständig an Gegenständen, rollt sich oft auf dem Boden und hält ihr Hinterteil auffordernd in die Höhe. Wird sie nicht von einem Kater gedeckt, wird sie in der Regel nach neun Tagen wieder rollig, es kann aber auch zu einer Dauerrolligkeit kommen.

Kommt es zum Follikelsprung, aber nicht zu einer Trächtigkeit, so erfolgt die neue Rolligkeit nach fünf bis sechs Wochen.

Mittels Duftstoffen im Urin, welche die Paarungsbereitschaft signalisieren, und durch eindringliche Rufe locken freilebende Katzen oft mehrere Bewerber herbei. Kommen die Kater heran, werden sie in der ersten Phase von der Katze durch Fauchen und Pfoten Hiebe auf Distanz gehalten (erfahrene Kater verstehen dem auszuweichen). Die Katze zieht sich auf eine sichere Entfernung zurück, während die Männchen untereinander unter warnendem Knurren, drohenden Blicken und lautstarkem Geschrei Hiebe austauschen. Sie mustern sich gegenseitig und schleichen langsam umeinander herum. Zieht sich in dieser Phase keiner der Bewerber zurück, kann aus diesen Begegnungen ein erbitterter Kampf werden, aus denen die Kater mit Kratz- und Bisswunden hervorgehen.

Unkastrierte Kater haben eine höhere Sterblichkeit als kastrierte Artgenossen. Sie überwinden auf der Suche nach einem rolligen Weibchen oder einem noch unbesetzten Revier sehr große Distanzen (oft mehrere Kilometer) und erleiden aufgrund der beschriebenen Kämpfe mit Rivalen häufig Verletzungen, fallen öfter dem Straßenverkehr zum Opfer oder ziehen sich durch Bisse übertragbare Viruserkrankungen zu.

Letztlich trifft aber das Weibchen die Entscheidung, wer ihr Paarungspartner wird. Erst wenn das Weibchen seine Bereitschaft signalisiert und die am Boden kauernde Haltung mit gestrecktem Hinterteil und zur Seite gebogenem Schwanz einnimmt, kann die Paarung stattfinden. Der Akt dauert nur wenige Sekunden und wird von einem charakteristischen Deckschrei des Weibchens begleitet. Er endet abrupt, indem das Weibchen das Männchen gewaltsam abschüttelt und meist auch Hiebe austeilt. Am Penis des Katers befinden sich Widerhaken (Penisstacheln), weshalb der Geschlechtsakt für die Katze schmerzhaft ist. Nach erfolgreichem Deck Akt rollt sich das Weibchen mehrmals in gestreckter Haltung auf dem Boden. Auf dieses charakteristische Rollen geht der Ausdruck „Rolligkeit" für die Brunst der Katze zurück. Eine rollige Katze kann sich mit mehreren Männchen paaren. Entsprechend können die Geschwister eines Wurfes verschiedene Väter haben.

Trächtigkeit

Nach vollzogener Paarung (Deckung) kommt es nach ca. 24 Stunden zur Ovulation (Eisprung). Das Ei ist, anders als beim Hund, zu diesem Zeitpunkt bereits befruchtungsfähig. Die Befruchtung durch die Spermien erfolgt im Eileiter. Nach einer knapp zweiwöchigen Wanderung und mehrmaligen Zellteilungen im Eileiter und Gebärmutter entsteht eine Blastozyste, ein Mehrzellstadium des befruchteten Eies, die sich in die Gebärmutterwand einnistet. Es bildet sich rasch eine gürtelartige Plazenta um den Fötus an, die den „Stoffaustausch" mit der Mutter gewährleistet.

Die Rolligkeit ist nach vollzogener Paarung bei der Katze nicht sofort beendet, vielmehr setzt diese nach einigen Stunden erneut ein und hält, wenn auch unter zunehmender Abschwächung, zuweilen noch mehrere Tage lang an.
Kommt die Katze während der ersten drei Wochen der Trächtigkeit (Gravidität, Tragzeit) abermals mit einem Kater zusammen, so ist durch nochmalige Deckung eine weitere Befruchtung möglich. Die in solchen Fällen geborenen Jungen sind oft ungleich entwickelt. Ungleiche Nachkommen innerhalb eines Wurfs sind auch dann zu erwarten, wenn das Zusammensein mit einem Kater länger als eine Woche ausgedehnt oder nach mehrtägiger Pause fortgesetzt wurde.

Nach Abklingen der Rolligkeit wird die Katze zusehends träger und neigt nicht selten während der zweiten und dritten Woche zu Erbrechen. In dieser frühen Phase sind äußerlich noch kaum Veränderungen zu bemerken. Doch nach ca. drei Wochen beginnt sich zunächst das untere (hintere) ihrer vier Zitzen Paare rosa zu färben, und es liegen, durch den Tierarzt ertastbar, bereits ca. einen Zentimeter lange Embryonen in den Fruchtkammern der Gebärmutter.

Mit zunehmendem Wachstum verflachen die anfänglichen Einschnürungen zwischen den durchsichtigen, mit klarer Flüssigkeit gefüllten Fruchtblasen, die etwa so groß wie Hühnereier sind. Sie können sich gegen Ende der Trächtigkeit allmählich gegenseitig berühren.

Etwa ab der sechsten Woche sind die Bewegungen der Feten deutlich durch die Bauchdecke der Kätzin spürbar und zeitweise auch mit bloßem Auge erkennbar. Erst in den letzten drei Wochen der Tragzeit sind die Kätzchen groß genug, um den veränderten Körperumfang der Katze sichtbar zu machen.

In dieser Zeit schwellen auch die Milchdrüsen an und die Katze neigt sich beim Schlafen zur Seite. Im Schnitt beträgt die Tragzeit 63 bis 65 Tage.
In den letzten Tagen ist die Katze nervös und sucht ständig nach einem

sicheren Ort als „Nest" für die Geburt. Sie leckt nun auch öfter die Zitzen und die Analregion. Hauskatzen bevorzugen das Zimmer der Person im Haus, zu der sie die engste Beziehung haben. Das Nest kann ein halb geöffneter Schrank, eine Schachtel oder auch das Bett sein. Züchter stellen Ihren Katzen für ihr Nest zweckmäßige Wurfkisten zur Verfügung, die allerdings nicht immer von der Katze angenommen werden. Die Geburt kann bis zu einigen Stunden dauern, wobei die Abstände, in denen die einzelnen Kätzchen geboren werden, sehr unterschiedlich lang sein können.

Eine Katze, die zum ersten Mal wirft, gebiert meistens zwei bis drei Junge. Bei späteren Geburten erhöht sich die Zahl der Jungtiere häufig auf bis sieben Kätzchen. In seltenen Fällen sind aber auch zehn oder sogar mehr möglich, jedoch überleben in diesem Fall ohne menschliche Hilfe oft nicht alle Kätzchen.

Manche Katzen wollen auch einige Tage nach der Geburt nicht gestört werden, andere suchen die Gesellschaft der Menschen und fühlen sich wohler mit ihnen. Wird das Wurflager vom Menschen nicht peinlich gereinigt, so zieht die Mutterkatze mit ihrem Wurf in ein anderes Lager um, denn der Geruch könnte Raubtiere anziehen. Auch wenn die Katze glaubt, ihre Jungen seien aus irgendeinem Grund in Gefahr, hebt sie jedes Kätzchen an der Nackenfalte hoch und trägt es an einen anderen Ort. Durch diesen Biss löst die Mutter beim Katzenwelpen eine sogenannte Tragestarre aus, die verhindern soll, dass sie sich zu stark bewegen.

Wachstum

Unmittelbar nach der Geburt sind die Augen und Ohren der Kätzchen noch geschlossen. Sie wiegen etwa 100 Gramm, wobei das Gewicht zwischen 60 bis 140 Gramm variieren kann. Während der Säuge Phase nehmen die Katzenwelpen wöchentlich etwa 100 Gramm an Körpergewicht zu. Mit Hilfe des Tast- und Geruchssinns suchen sie die Zitzen ihrer Mutter. Sie gibt ihnen über das Kolostrum, die erste sehr dünne Milch, Immunität durch Antikörper, die sie aufgrund früherer Impfungen und Infektionen gebildet hat. Nach wenigen Tagen wird die Kolostrumproduktion eingestellt und richtige Milch gebildet. Indem die Kätzchen die Zitzen massieren und schnurren, stimulieren sie die Milchproduktion.

Dieses sogenannte „Milchtreten" tritt auch in späteren Lebensjahren der Katzen noch auf und ist ein Ausdruck des Wohlbefindens. Nach zwei Monaten trinken die Katzen nur noch selten mehr an den Zitzen der Mutter, sondern nehmen schon feste Nahrung zu sich. Mit dem Menschen sehr vertraute Katzen machen sich bemerkbar, wenn sie der Meinung sind, ihre Kinder brauchen Nahrung.

Jedes Kätzchen entwickelt eine Vorliebe für eine bestimmte Zitze. Die Kätzchen werden mehrmals täglich gesäugt. Während der ersten paar Tage entfernt die Katze sich nur selten von ihrem Wurf. Die Kätzchen sind in dieser Zeit hauptsächlich mit Schlafen und Trinken beschäftigt. Aber schon nach kurzer Zeit fauchen sie zaghaft, wenn sie berührt werden oder einen bestimmten Geruch wahrnehmen, und schnurren, wenn sie sich an den Körper der Mutter schmiegen.

Die Kätzchen entwickeln ihre Sinne, indem sie vom ersten Lebenstag an stimuliert und angeregt werden. Um sie dabei an Menschen zu gewöhnen, sollten sie aufgehoben und gestreichelt werden. In den ersten Wochen leckt die Mutter die Anal-Genitalregion der Kätzchen, um die Ausscheidung von Urin und Kot zu stimulieren. Zugleich hält sie auf diese Weise das Wurflager sauber.

Nach zehn Tagen öffnen die Kätzchen die Augen, richten die Ohren auf und erfahren neue Sinneswahrnehmungen. Sie wiegen nun bereits gut 200 Gramm. Ab der zweiten Woche widmen sich die Kätzchen der Entdeckung des eigenen Körpers, der Geschwister und der unmittelbaren Umgebung des Nestes.

Sie lernen, sich immer schneller und geschickter zu bewegen und bei spielerischen Kämpfen mit den Geschwistern, mit den Pfoten und dem Maul umzugehen. Ebenso erfahren sie, worauf die Artgenossen mit Beißen, Miauen, Flucht und Fauchen reagieren. Ab der dritten Woche stehen sie schon recht gut und versuchen sich auch schon im Sitzen und Klettern. Bis zum Alter von drei Wochen verbringen die Kätzchen jedoch 90 Prozent ihrer Zeit mit Schlafen. Dann zeichnet sich zunehmend der Rhythmus des erwachsenen Tieres ab, das etwa 16 Stunden am Tag schläft.

Mit der Zeit werden die Kätzchen immer aktiver, neugieriger und verspielter. Die Motorik entwickelt sich, und sie werden selbstständiger. Die Mutter unterstützt dies, indem sie sie nach drei bis vier Wochen in ein anderes Nest bringt, wo sie mehr Bewegungsfreiheit haben, aber sich nicht zu weit aus dem Kontrollbereich der Mutter entfernen können. Dieser Ort liegt oft in der Nähe des Hauses der Menschen oder auch im Wohnzimmer. Mit einem Monat wiegen die Kätzchen bereits ca. 500 Gramm und beginnen, sich selbst zu putzen und mit Gegenständen zu spielen. Sie lernen jetzt, feste Nahrung zu fressen. Wenn Sie die Möglichkeit dazu hat, bringt die Katzenmutter ihren Kindern lebende Beute mit, die sie dann laufen lässt. So gibt sie ihren Kindern die ersten Unterweisungen im Beutefang.

Mit dem Beginn der Aufnahme fester Nahrung nimmt die Mutter den Kot nicht mehr auf. Die Kätzchen verlassen dann den unmittelbaren Nestbereich für ihr

Geschäft. Dies ist der Zeitpunkt, Katzenkinder in Menschenobhut an die Benutzung des Katzenklos zu gewöhnen. In diesem Alter zeichnen sich erste Charaktereigenschaften wie Mut, Ängstlichkeit, Zurückhaltung oder Unternehmungslust ab. In dieser Zeit lernt das Kätzchen, sich nach dem Beispiel der Mutter allein zu putzen. Der wichtigste Teil der Sozialisierungsphase ist mit 7 Wochen abgeschlossen. Kätzchen, die bis zu diesem Alter keinen, zu wenig oder nur unangenehmen Kontakt zu Menschen hatten, bleiben meist scheu und misstrauisch.

Mit zwei Monaten beginnt das Erwachsenwerden; bei in Freiheit lebenden Katzen oft erst mit vier Monaten. Die Jungen folgen der Mutter, die sie streng überwacht und verhindert, dass sie sich zu weit entfernen, auf allen Wegen. Wenn ein Garten zur Verfügung steht, werden sie auch in der Kunst des Jagens unterwiesen. Nun wird das Spielen zur Hauptaktivität der Kätzchen. Mit zwei bis drei Monaten klettern die Jungen Vorhänge und Bäume hoch, schärfen ihre Krallen an Gegenständen und springen voller Eifer.

So festigen sich die Nervenbindungen, die Muskulatur entwickelt sich und die Bewegungen werden immer präziser. Außerdem fördert und prägt das Spielen das Sozialverhalten. Nach zehn Wochen werden alle Kätzchen vorsichtiger und werden Neuem gegenüber voreingenommener. Nach drei Monaten lässt die Katzenmutter meist endgültig das Saugen nicht mehr zu. Freilebende Katzen bringen ihren Jungen in diesem Alter aber noch Beute. Die Kätzchen ernähren sich nun weitgehend selbständig. Im fünften Monat verlieren sie die Milchzähne und beginnen, ihr Revier zu markieren.

Mit sechs Monaten sind sie vollkommen unabhängig von der Mutter, die jedoch oft auch danach noch Angreifer ihrer Jungen ihrerseits anfällt.

Geschlechtsreife

Männchen und Weibchen erreichen die Geschlechtsreife im Schnitt im sechsten bis achten Lebensmonat, aber die körperliche Entwicklung ist erst einige Monate später abgeschlossen. Mit der Geschlechtsreife werden die körperlichen Unterschiede zwischen Weibchen und Männchen deutlich. Die sekundären Geschlechtsmerkmale bilden sich aus. Bei Katern dauert diese Reifezeit bis zum 3. Lebensjahr. Kater sind größer und kräftiger als Katzen und haben einen kräftigeren Hals. Durch die sogenannten Katerbacken, dort verteilte Fettpölsterchen, erscheint ihr Kopf größer und runder. Die Weibchen sind normalerweise schlanker und haben einen schmalen, dreieckigen Kopf.

Im Verhalten zeigen sich noch deutlichere Unterschiede zwischen Männchen und Weibchen. Kater sind territorialer und markieren ihr Revier durch Verspritzen von Urin und Reiben an vielbesuchten Stellen. Auf Eindringlinge reagieren sie mit Drohgebärden. Im Gegensatz zu den Weibchen neigen sie mehr zum Streunen und bleiben manchmal auf der Jagd oder bei der Suche nach einem paarungsbereiten Weibchen mehrere Tage dem Haus fern. Wenn sie dann ab und an zurückkommen, suchen sie Trost, Nahrung oder einen ruhigen Schlafplatz.

Nach ein paar Monaten werden aus den Kampfspielen richtige Kämpfe, da die Männchen nun unter Beweis stellen, dass sie fähig sind, sich mit anderen Männchen zu messen. Zwischen dem 10. und dem 14. Lebensmonat verlassen die jungen Kater die Gruppe. Nur kastrierte Männchen bleiben bei den Schwestern und ordnen sich in die Gruppe ein.

Das Revier eines ausgewachsenen Katers ist etwa dreimal so groß wie das einer Katze. Für sie hängt die Reviergröße vom Nahrungsangebot für sich und den Nachwuchs ab, doch für ihn ist entscheidend, dass hinreichend viele Partnerinnen für eine Paarung zur Verfügung stehen. Mit fortschreitender Reife vergrößert sich das Revier.

Das Weibchen eignet sich deshalb ihrem Wesen nach besser als das Männchen zum Haustier, da es das Revier der Mutter auch in der Geschlechtsreife nicht verlässt und weniger Raum braucht.

Allerdings toleriert die Katze Ortsveränderungen in der Regel schlechter als der Kater und reist häufig auch nicht gerne. Dafür ist sie beim Spielen oft nicht so aggressiv wie das Männchen.

Mit eineinhalb Jahren sind die meisten Katzen weniger verspielt und weniger aktiv, wobei es hier erhebliche individuelle und rassebedingte Unterschiede gibt. Ausgewachsene in der Wohnung gehaltene Kater sind oft anschmiegsamer und ruhiger als Katzen, die unabhängiger und Fremden gegenüber reservierter sind. Das ausgeglichenere Gemüt der Kater hat zum Begriff des „Schmusekaters" geführt.

Verantwortlich für diesen geschlechtsspezifischen Unterschied werden die Hormonschwankungen aufgrund des Östrus bei unkastrierten Kätzinnen gemacht, bei Katern ist der Hormonstatus demgegenüber gleichbleibend. Dieser Unterschied nivelliert sich bei kastrierten Kätzinnen, wodurch ein Zusammenleben für Mensch und Tier wesentlich angenehmer wird.

Intelligenz

Katzen verfügen über ein großes Lern- und Erinnerungsvermögen. Dazu zählen ihre bevorzugte Nahrung, der Standort der Wasserschale und des Katzenklos, das Öffnen von Türen mit Klinke, der behaglichste Schlafplatz und der Aufenthaltsort ihres Lieblingsspielzeugs.

Zudem merken sie sich, mit welchen Lauten sie ihren Besitzer dazu bewegen können, auf ihre unterschiedlichen Bedürfnisse einzugehen. Sie hören besonders zu den Mahlzeiten auf ihren Namen. Freiläufer erinnern sich an den Verlauf ihres Reviers, an bekannte Katzen im Territorium und an gefährliche Hunde. Das assoziative Gedächtnis erlaubt Katzen, eine Problemstellung mit bereits Erlebtem zu vergleichen. So können sie mühelos Beziehungen zwischen mehreren Elementen herstellen und für sich nutzbar machen.

Obwohl Katzen bei der Geburt bestimmte Fertigkeiten besitzen, müssen sie sich einige Verhaltensweisen mit Geduld aneignen. Dazu zählen zum Beispiel das Jagen oder das Benutzen des Katzenklos. Um ihre Jungen an das Jagen zu gewöhnen, versorgen Katzenmütter mit einem Zugang nach draußen sie ab der dritten Woche mit Beute. Zunächst verspeist sie tote Tiere vor ihren Augen, später bringt sie lebende Beute heran, die sie tötet und ihnen zu fressen gibt. Schließlich überlässt sie die lebende Beute ihren Jungen.

Da Katzen zwar einen Jagdinstinkt besitzen, aber das erfolgreiche Jagen erst lernen müssen, gelingt es Kätzchen ohne Mutter oder mit nichtjagender Mutter in der Regel nie, Beute zu fangen. Um sich darin zu üben, benötigen sie Stoffmäuse, Garnspulen oder zerknülltes Papier, die belauert, beschlichen und schließlich erlegt werden. Das Vergraben von Ausscheidungen (Urin, Kot) ist auch in freien Rudeln üblich, nur das ranghöchste Tier macht das nicht und „markiert" sozusagen damit das Terrain. Da bei Hauskatzen im Allgemeinen der Besitzer als Anführer gilt, willigen Katzen relativ bereitwillig ins Vergraben (und damit in die Verwendung eines Katzenklos) ein.

Katzen sind so wie alle Tiere auf Verhaltensweisen konditionierbar. Es ist auch möglich, sie auf bestimmte Signale zu trainieren, die Verhaltensweisen unterbrechen. So können ihnen bestimmte Tätigkeiten abgewöhnt werden, die vom Menschen als Unarten empfunden werden. Außerdem sind Katzen fähig, auf ihren Namen zu hören, sofern dieser kurz und prägnant ist. Um eine Katze mit ihrem Namen vertraut zu machen, ist es von Vorteil, ihn möglichst früh zu benutzen und sie vor jeder Mahlzeit damit zu rufen; Katzen reagieren in hungrigem Zustand deutlich besser auf Namensrufe.

Katzen spielen für ihr Leben gern ... und ein Leben lang! Das gemeinsame Spiel mit Ihrer Mieze fördert die gegenseitige Bindung, hält Mensch und Tier fit, wirkt fast wie ein Jungbrunnen und trainiert darüber hinaus auch die Intelligenz Ihrer Katze.

Junge Katzen verbessern durch Spiel ihre Bewegungskoordination und bereiten sich so auf ihre spätere Aufgabe als erfolgreicger Jäger vor. Deshalb zeigen natürlich nicht nur Haus-, sondern auch alle Wildkatzen ein solches Verhalten. Bewegung ist der Schlüssel zum Spiel. Ein geworfener Tischtennisball lädt zum Jagen ein, ein bewegter Federwedel zum Beute machen. Gesunde Katzen sind fast immer zum Spiel bereit, ganz gleich, wie alt sie sein mögen. Allerdings nehmen sie dabei nicht immer auf unsere Wünsche Rücksicht.

Meine zwei Samtpfoten jagen morgens und abends gemeinsam durch die ganze Wohnung und scheren sich nicht im geringsten darum, dass ich vielleicht nach dem Aufstehen noch etwas Ruhe toll finden würde. Aber auch wenn die zwei ganz toll zusammen spielen, so sind die Menschen um sie herum doch eindeutig die Lieblingskameraden - es geht für sie einfach nichts darüber, mit uns ausgelassen umherzutollen und alles mögliche zu jagen und zu fangen.
Oft werden dabei verschiedene Dinge regelrecht apportiert.

Bitte nehmen Sie sich Zeit für Ihre Katze. Täglich 20 Minuten ausgelassenes Spiel sind nicht zuviel und bedeuten für Mieze einfach alles. Dabei müssen Sie für tolle Katzenspiele nicht tief in den Geldbeutel greifen. Zwar gibt es eine schier unerschöpfliche Auswahl industriell hergestellter „Unterhaltungsartikel", nötig ist davon aber fast nichts. Hier einmal ein paar Beispiele, wie Sie mit Ihrer Katze nach Herzenslust toben und spielen können, ohne viel Geld auszugeben:

„Mäusejagd"

Befestigen Sie doch einfach mal ein wuscheliges Spielzeug an einer Schnur und lassen es vor Ihrer Mieze baumeln. Natürlich weiß sie ganz genau, dass es sich dabei nicht um eine Maus handelt, trotzdem wird sie es gerne jagen. Meine Katzen können gar nicht genug davon bekommen und spielen mit mir sehr lange auf diese Art.

Dabei lasse ich die „Maus" manchmal einfach in der Luft baumeln, dann wieder ziehe ich sie an der Schnur über den Boden. Ich habe die Schnur an einen Bambusstock gebunden und erreiche damit einen noch viel größeren Spielbereich. Für meine Haustiger ist diese „Mäusejagd" einfach super. Wenn Sie auf diese Weise mit Ihrer Mieze spielen möchten, achten Sie bitte auf Ihre Hände: bei einer derart aktiven Jagd kann man schon einmal versehentlich gekratzt werden.

Pappschachteln

Ausgediente Schuhkartons oder andere Schachteln von ausreichender Größe sind auch prima Spielgeräte. Schneiden Sie ein ausreichend großes Loch hinein und Ihre Samtpfote wird sich nur zu gern darin verstecken oder darin nach einem Spielzeug angeln.

Catnip

Spielzeuge unter dieser Bezeichnung finden immer mehr begeisterte Anhänger. Eigentlich ist der Begriff einfach nur die englische Übersetzung für Katzenminze - und da liegt auch der Reiz für die Katze, denn Catnip-Spielzeuge enthalten diesen heiß geliebten Duftstoff und werden erst dadurch so richtig interessant für Ihr Tier. Catnip-Spielzeuge sind nicht allzu teuer und überall im Fachhandel als kleine Kissen, Bälle, Tails, Beutel, usw. zu bekommen. Besonders gut sind solche, die sich mit frischer Katzenminze wiederbefüllen lassen, denn ist der Duft erst einmal weg, ist ein Catnip längst nicht mehr so interessant für die Katze.

Zeitungspapier

Meine Zwei plündern praktisch täglich den Papierkorb im Büro, denn sie lieben das Gefühl und vor allem die Geräusche von Papier. Ein super Spielzeug ist daher auch zerknülltes Zeitungspapier. Wenn Sie wollen, können Sie auch das eine oder andere Leckerli darin verstecken. Ihre Katze wird es lieben - allerdings haben Sie später die mehr oder weniger winzigen Papierfetzen zu entsorgen...

Weinkorken

Einfach super! Im Gegensatz zu Bällen aller Art springt ein geworfener Weinkorken niemals geradlinig, sondern wie wild und völlig unvorhersehbar durch die Gegend. Dabei beschädigt er nichts und ist eine tolle Beute für die Katze. Bitte achten Sie nur darauf, dass er ausgetauscht wird, wenn er zu sehr zernagt ist, damit Ihr Tier nicht ein gerade noch passendes Stück verschluckt.

Rennspiele

Ein Spiel, das fast jede Katze von sich aus beginnt, besteht darin, im Haus herumzurennen und Sie dazu zu bewegen, ihr hinterherzujagen. Wenn Sie sehen, wie sie direkt vor Ihnen quer durch den Raum rennt und sich hinter Vorhängen, Blumenvasen oder Schränken versteckt, rennen Sie ihr hinterher, schielen Sie hinter die Vorhänge, und beobachten Sie, was sie tut. Wenn sie wieder quer durch den Raum jagd, um sich in einem Schrank zu verstecken und dann wieder nach Ihnen schielt, ist das der Hinweis für Sie, mit dem Spiel fortzufahren und ihr wieder hinterherzurennen.

Auf diese Weise trainieren Sie beide ein bisschen und haben Spaß dabei. Allerdings neigen einige Miezen dazu, gerade in den Abendstunden damit anzufangen. Dem sollten Sie besser nicht nachgeben, denn sonst finden Sie keine Ruhe mehr beim abendlichen Fernsehen oder auf dem Weg ins Bett.

Selbstbeschäftigung

Das gemeinsame Spiel mit Ihrem Tier ist natürlich jeder Selbstbeschäftigung vorzuziehen, aber natürlich haben nicht alle Menschen den ganzen Tag über Zeit dazu. Mit kleinen Spielmäusen, Bällen, Korken, Catnips, etc. kann Mieze sich auch ganz gut selbst beschäftigen. Richtig toll ist es für Sie aber, besonders wenn sie alleine ist, mehrere Ebenen zur Verfügung zu haben. Ermöglichen Sie Ihrer Katze das Erklimmen des einen oder anderen Schrankelementes oder schaffen Sie eine eigene Katzentreppe an der Wand, am besten bis ganz nach oben. Mieze wird das lieben!

Katzenfernsehen

Ich kenne keine Katze, die es nicht liebt, auf dem Fenstersims liegend nach draußen zu schauen. Geben Sie Ihrem Tier diese Möglichkeit! Sie wird sich auf diese Weise stundenlang selbst beschäftigen. Im Winter liebt sie es natürlich, sich auf einer warmen Decke im Fenster ausbreiten zu können.

Kratzbaum

Er ist Pflicht in jedem Katzenhaushalt: der Kratzbaum. Zum einen bietet er die Möglichkeit, sich an den Sisalstämmen die Kratzen zu wetzen, was das natürliche Bedürfnis stillt und Ihre Möbel schützt. Zum anderen, was ebenso wichtig ist, bildet er aber immer auch mehrere Ebenen, die Ihre Katze dann nach Lust und Laune erklimmen kann.

Bitte achten Sie auf ein stabiles Modell, welches vielleicht auch ein paar Höhlen bietet. Eine große Auswahl gibt es im Fachhandel und natürlich im Internet.

Denken Sie beim Kauf daran, dass Ihre junge Katze zunächst ein kleineres Modell bekommt.

Der Lieblingsplatz!

Die Burmakatze und andere Haustiere

Die Burmakatze, eine äußerst anziehende und faszinierende Katzenrasse, ist bekannt für ihre menschenfreundliche, verspielte und gesellige Persönlichkeit.

Ihre besonderen Eigenschaften machen sie zu perfekten Begleitern, nicht nur für Menschen, sondern auch für andere Haustiere, einschließlich Hunden.

Die Interaktion zwischen Burmakatzen und anderen Tieren kann jedoch von verschiedenen Faktoren beeinflusst werden, wie dem individuellen Temperament, der Sozialisierung und der Art und Weise, wie sie einander vorgestellt werden.

Burmakatzen und Hunde

Burmakatzen und Hunde können ein harmonisches Zusammenleben genießen, insbesondere wenn bestimmte Bedingungen erfüllt sind.

Burmakatzen, die für ihre freundliche und selbstbewusste Natur bekannt sind, lassen sich oft nicht so leicht von Hunden einschüchtern wie andere Katzenrassen.

Ihre gesellige und anpassungsfähige Art kann dazu beitragen, mögliche Konflikte zu minimieren.

Geordnete Einführung

Eine schrittweise und gut durchdachte Einführung ist entscheidend. Zunächst sollten die Tiere in getrennten Bereichen gehalten werden, um sich an die Gerüche und Geräusche des jeweils anderen zu gewöhnen, bevor sie direkt miteinander interagieren.

Gemeinsame Aktivitäten

Burmakatzen und Hunde, die ähnliche Spiel- und Aktivitätsniveaus haben, verstehen sich oft gut. Gemeinsame Aktivitäten, wie Jagdspiele oder Versteckspiele, können beiden Spaß machen, solange sie unter Aufsicht stattfinden.

Respekt für Grenzen

Es ist wichtig, dass jedes Tier seinen eigenen Rückzugsort hat.

Hunde sollten lernen, den privaten Bereich der Katze zu respektieren, während die Burmakatze genügend Raum haben sollte, um sich zurückzuziehen, wenn sie Ruhe braucht.

Burmakatzen und andere Katzen

Burmakatzen sind im Allgemeinen gesellig und kommen gut mit anderen Katzen aus, besonders wenn sie früh sozialisiert wurden. I

hre verspielte Natur macht sie zu idealen Spielgefährten für andere Katzen, vorausgesetzt, jede Katze hat ihren eigenen Raum, und Ressourcen wie Futter und Wasser werden nicht geteilt.

Burmakatzen und kleinere Haustiere

Obwohl Burmakatzen eine sanfte Art im Umgang mit kleineren Haustieren zeigen können, sollte man ihre natürlichen Instinkte nicht unterschätzen.

Besondere Vorsicht ist geboten, wenn sie mit kleineren Tieren wie Vögeln, Hamstern oder Fischen zusammenleben. Diese sollten immer sicher und außerhalb der Reichweite der Katze aufbewahrt werden, wenn keine Aufsicht besteht.

Tipps für ein friedliches Zusammenleben

Frühzeitige Sozialisation:

Das frühe Sozialisieren junger Burmakatzen mit anderen Haustieren kann entscheidend für ihr späteres Verhalten sein.

Überwachte Interaktionen:

Anfangs sollten alle Interaktionen überwacht werden, um sicherzustellen, dass kein Tier gestresst oder bedroht wird.

Individuelle Aufmerksamkeit:

Es ist wichtig, jedem Haustier individuelle Zuwendung zu schenken, um Eifersucht oder Vernachlässigung zu vermeiden.

Training und Grenzen:

Grundlegende Kommandos für Hunde können helfen, unbeabsichtigte Verletzungen zu verhindern. Ebenso sollte der Burmakatze beigebracht werden, wie sie sicher mit dem Hund interagiert.

Ein respektvolles und friedliches Zusammenleben zwischen einer Burmakatze und anderen Haustieren ist durchaus möglich und kann eine Bereicherung für das Heim darstellen.

Mit Geduld, sorgfältigem Management und viel Liebe kann Ihr Zuhause ein harmonisches Miteinander verschiedener Arten beherbergen.

Wir verstehen uns im Schlaf :-)

«Der Weg zu meinem Herzen ist gepflastert durch

Pfotenabdrücke.»

Unbekannt

freunde für ein ganzes Leben.

Die Burmakatze, oft als die „Samtpfote mit Herz" unter den Katzenrassen bezeichnet, ist bekannt für ihr liebevolles, sanftes und geselliges Temperament.

Diese Eigenschaften machen sie zu einer ausgezeichneten Wahl für Familien mit Kindern.

Ihre Bereitschaft zu sozialen Interaktionen und ihre Fähigkeit, starke Bindungen mit Familienmitgliedern zu knüpfen, ermöglichen es Burmakatzen, wertvolle Begleiter im Alltag von Kindern zu werden.

Dennoch sind gewisse Überlegungen und Vorsichtsmaßnahmen wichtig, um sicherzustellen, dass die Beziehung zwischen Burmakatzen und Kindern für beide Seiten positiv und bereichernd ist.

Charakter und Temperament

Burmakatzen sind für ihre herzliche und zugängliche Natur bekannt. Sie zeigen selten aggressives Verhalten, was sie zu einer vertrauenswürdigen Wahl für Familien mit Kindern macht.

Ihre gesellige Art bedeutet, dass sie gerne in der Nähe ihrer Menschen sind und sich nahtlos in das familiäre Umfeld einfügen.

Burmakatzen zeichnen sich auch durch ihre Geduld aus, was besonders wichtig ist, wenn Kinder lernen, respektvoll und sorgsam mit Tieren umzugehen.

Spiel und Interaktion

Burmakatzen lieben es zu spielen, was sie zu idealen Spielgefährten für Kinder macht.

Ihre Verspieltheit und Intelligenz motivieren sie, an Aktivitäten teilzunehmen, die sowohl körperliche als auch geistige Stimulation bieten.

Es ist jedoch wichtig, Kindern beizubringen, wie sie sicher mit der Katze spielen, um unbeabsichtigte Kratzer oder Bisse zu vermeiden.

Interaktive Spielzeuge, wie Bälle oder Federangeln, sind eine hervorragende Möglichkeit, Kinder und Katze gemeinsam zu unterhalten.

Erziehung von Kindern im Umgang mit Katzen

Der Schlüssel zu einem harmonischen Zusammenleben zwischen Kindern und einer Burmakatze liegt in der angemessenen Erziehung der Kinder im Umgang mit der Katze.

Kinder sollten lernen, die Signale der Katze zu verstehen, die anzeigen, wenn sie ihre Ruhe braucht oder nicht zum Spielen aufgelegt ist.

Es ist ebenso wichtig, Kindern beizubringen, die Katze nicht am Schwanz zu ziehen und sie nicht zu erschrecken. Ein respektvoller und sanfter Umgang mit der Katze sollte stets gefördert werden.

Schaffung sicherer Rückzugsorte

Es sollte Burmakatzen immer möglich sein, sich an einen ruhigen Ort zurückzuziehen, besonders in einem lebhaften Haushalt mit Kindern.

Erhöhte Schlafplätze oder spezielle Rückzugsecken, die nur der Katze vorbehalten sind, bieten einen sicheren Zufluchtsort.

Gesundheit und Pflege

Die Pflege einer Burmakatze bietet ebenfalls eine wertvolle Lernerfahrung für Kinder.

Unter Beaufsichtigung können Kinder dabei helfen, das Fell der Katze zu pflegen, was nicht nur die Gesundheit der Katze unterstützt, sondern auch die Bindung zwischen Kind und Katze stärkt.

Es ist wichtig, Kinder über die speziellen Bedürfnisse und die Verantwortung aufzuklären, die die Pflege eines Haustieres mit sich bringt.

Fazit

Burmakatzen können wunderbare Begleiter für Kinder sein und einen positiven Einfluss auf deren Entwicklung haben.

Sie lehren Kinder Empathie, Verantwortungsbewusstsein und einen respektvollen Umgang mit anderen Lebewesen.

Die natürliche Herzlichkeit, Geduld und Spielfreude der Burmakatze machen sie zu einer hervorragenden Wahl für Familien.

Mit der richtigen Einführung, Überwachung und Erziehung können Kinder und Burmakatzen eine tiefe und dauerhafte Beziehung entwickeln, die beide Seiten bereichert.

Ein gutes Team!

Die Katze behält ihren freien Willen, auch wenn sie dich liebt, und sie wird nichts für dich tun, was sie für unvernünftig hält.

(Théophile Gautier)

Die Zusammenführung Ihrer Katze

Die Zusammenführung von Katzen und später auch mit anderen Haustieren wie Hunden ist ein sensibles Thema, das Geduld, Verständnis und sorgfältige Planung erfordert.

Der Prozess kann komplex sein, da Katzen territoriale Tiere sind und ihre sozialen Strukturen auf Respekt und Hierarchie basieren. Zudem reagieren sie unterschiedlich auf neue Tiere in ihrem Umfeld.

Während einige Katzen neue Gefährten willkommen heißen, können andere ängstlich, aggressiv oder territorial reagieren.

Es ist wichtig zu beachten, dass trotz aller Bemühungen und Vorbereitungen die Zusammenführung manchmal nicht wie erhofft verläuft.

Katze mit Katze zusammenführen

Schritt 1: Vorbereitung

Bevor eine neue Katze ins Haus gebracht wird, sollte für jedes Tier ein eigener Rückzugsraum eingerichtet werden.
Dieser sollte mit Futter, Wasser, Katzentoilette und Schlafplatz ausgestattet sein.

Schritt 2: Geruchsaustausch

Der erste Schritt zur Zusammenführung erfolgt über den Geruch. Tauschen Sie Decken oder Spielzeuge zwischen den Katzen aus, damit sie sich an den Geruch des anderen gewöhnen können, ohne direkten Kontakt zu haben.

Schritt 3: Visueller Kontakt

Nach einigen Tagen des Geruchsaustausches können die Katzen durch ein Gitter oder eine leicht geöffnete Tür visuellen Kontakt aufnehmen.
Achten Sie auf die Reaktionen und gehen Sie nur weiter, wenn beide Katzen entspannt erscheinen.

Schritt 4: Erster direkter Kontakt

Der erste direkte Kontakt sollte unter Aufsicht und in einem kontrollierten Umfeld stattfinden.
Kurze, positive Begegnungen sind anfangs am besten. Verwenden Sie Leckerlis oder Spielzeug, um positive Assoziationen zu schaffen.

Schritt 5: Zusammenführung

Wenn die Katzen sich bei den kurzen Treffen entspannt zeigen, können Sie die Dauer der gemeinsamen Zeit allmählich erhöhen.
Es kann mehrere Wochen dauern, bis sie sich vollständig aneinander gewöhnt haben.

Katze mit anderen Haustieren, z.B. Hunden, zusammenführen

Schritt 1: Vorbereitung

Stellen Sie sicher, dass der Hund grundlegende Befehle kennt und befolgt, um die Sicherheit aller Tiere zu gewährleisten.

Auch hier ist ein separater Bereich für jedes Tier zu Beginn hilfreich.

Schritt 2: Geruchsaustausch

Wie bei der Katzenzusammenführung beginnt der Prozess mit dem Austausch von Gerüchen, indem man Decken oder Spielzeug zwischen Hund und Katze wechselt.

Schritt 3: Visueller Kontakt

Visueller Kontakt durch ein Gitter oder eine Babytür kann helfen, dass sich die Tiere aneinander gewöhnen, ohne direkten Kontakt zu haben.

Schritt 4: Kontrollierte Begegnungen

Die ersten direkten Begegnungen sollten kurz sein und unter strenger Aufsicht erfolgen.
Der Hund sollte an der Leine sein, um die Kontrolle zu behalten.

Schritt 5: Steigerung der Interaktionszeit

Wenn alle Tiere entspannt sind, kann die gemeinsame Zeit allmählich erhöht werden. Positive Verstärkung für ruhiges Verhalten kann die Akzeptanz fördern.

Beachtung

Es ist wichtig zu akzeptieren, dass nicht alle Tiere miteinander auskommen werden.

Manchmal funktioniert die Zusammenführung trotz aller Bemühungen nicht, und die Tiere zeigen dauerhaft Stress oder Aggression.

In solchen Fällen ist es möglicherweise das Beste für alle Beteiligten, eine alternative Lösung zu finden, die das Wohlergehen der Tiere in den Vordergrund stellt, wie z.B. das Leben in getrennten Bereichen des Hauses oder in einigen Fällen die Vermittlung eines der Tiere in ein neues Zuhause.

Die Zusammenführung von Katzen und anderen Haustieren erfordert Zeit, Geduld und manchmal auch professionelle Unterstützung von einem Verhaltenstherapeuten für Tiere.

Wir vertragen uns!

„Ob eine schwarze Katze Unglück bringt oder nicht,

hängt davon ab, ob man ein Mensch ist oder eine Maus".

- Max O'Rell -

Das Wichtigste ist, das Wohlbefinden und die Sicherheit aller Tiere zu gewährleisten und zu akzeptieren, dass der Prozess lang wierig und nicht immer vorhersehbar sein kann.

Jedes Tier hat seine eigene Persönlichkeit und seine individuellen Grenzen, die respektiert werden müssen. Daher kann nicht garantiert werden, dass jede Zusammenführung erfolgreich sein wird.

Es gibt jedoch bewährte Methoden und Techniken, die die Chancen auf eine harmonische Koexistenz erhöhen können.

Schrittweise Annäherung

Eine schrittweise Annäherung ist entscheidend, um Stress und Aggressionen zu minimieren.

Beginnen Sie damit, die Tiere in getrennten Räumen unterzubringen, damit sie sich an die Geräusche und Gerüche des jeweils anderen gewöhnen können, ohne direkten Kontakt zu haben.

Der Austausch von Decken oder Spielzeug kann dabei helfen, die Gerüche zu vermischen und eine gewisse Vertrautheit zu schaffen.

Kontrollierte Erstkontakte

Nach einer gewissen Gewöhnungsphase können kurze, kontrollierte Kontakte unter Aufsicht eingeführt werden.
Für Katzen kann ein Gitter oder eine Tür, die einen Spalt offen steht, hilfreich sein, um sich zu beschnüffeln, ohne dass es zu direktem Kontakt kommt.

Bei der Einführung eines Hundes sollte dieser angeleint sein, um die Kontrolle zu behalten.

Positive Verstärkung

Positive Verstärkung spielt eine wichtige Rolle bei der Zusammenführung.

Belohnen Sie ruhiges und freundliches Verhalten mit Leckerlis oder lobenden Worten. Dies fördert ein positives Erlebnis mit der Anwesenheit des anderen Tieres.

Beobachtung der Körpersprache

Achten Sie genau auf die Körpersprache der Tiere. Anzeichen von Angst oder Aggression, wie Knurren, Fauchen, gesträubtes Fell oder fixierende Blicke, deuten darauf hin, dass es Zeit ist, einen Schritt zurückzugehen.

Es ist wichtig, geduldig zu sein und den Tieren Zeit zu geben, sich an ihre eigene Geschwindigkeit anzupassen.

Akzeptieren von Rückschlägen

Es ist normal, dass es im Verlauf der Zusammenführung zu Rückschlägen kommt. Nicht jedes Treffen wird reibungslos verlaufen, und es kann Phasen geben, in denen die Tiere mehr Raum und Zeit benötigen, um sich anzupassen.

Professionelle Unterstützung

In manchen Fällen, besonders wenn sich die Spannungen nicht zu legen scheinen oder ein Tier extreme Angst oder Aggression zeigt, kann es sinnvoll sein, professionelle Hilfe in Anspruch zu nehmen.
Ein Verhaltenstherapeut für Tiere kann individuelle Strategien und Techniken anbieten, um den Prozess zu unterstützen.

Akzeptanz

Schließlich ist es wichtig zu akzeptieren, dass trotz aller Bemühungen eine vollständige Harmonie zwischen den Tieren manchmal nicht erreicht werden kann.

In solchen Fällen muss das Wohlbefinden der Tiere Vorrang haben, was bedeutet, dass eine dauerhafte räumliche Trennung oder in extremen Fällen eine Umplatzierung eines der Tiere die beste Lösung sein kann.

Die Zusammenführung von Katzen und anderen Haustieren ist ein Prozess, der Sensibilität und Verständnis für die Bedürfnisse und das Tempo jedes einzelnen Tieres erfordert.

Mit Geduld, positiver Verstärkung und gegebenenfalls professioneller Unterstützung können viele Tiere lernen, friedlich miteinander zu leben oder zumindest eine neutrale Koexistenz zu entwickeln.

Die Grundlage für einfach alles.

Es kursieren viele Anekdoten über die wählerischen Essgewohnheiten von Katzen, von ihrer Abneigung gegen bestimmte Futtersorten bis hin zur Vorstellung, sie würden nur von feinem Porzellan essen.

Solche Erzählungen sind natürlich weit hergeholt, und Schwierigkeiten bei der Fütterung entstehen meist nicht durch die Katze selbst, sondern durch Fehler, die der Mensch macht.

Es stimmt, Katzen entwickeln eigene Geschmackspräferenzen, die sie mit Nachdruck durchsetzen können. Der Fehler liegt jedoch bei uns, wenn wir diesen Vorlieben ohne weiteres nachgeben.

Es spricht nichts dagegen, Ihrem vierbeinigen Freund eine abwechslungsreiche Kost zu bieten und seinen Geschmacksvorlieben Rechnung zu tragen.

Es ist jedoch nicht notwendig, der Katze eine Vielzahl von Futtergeschmä-ckern nach einem ausgeklügelten Plan anzubieten.

Im Gegensatz zu Hunden fressen Katzen ihre Beute in der Regel sofort und horten keine Vorräte. In freier Wildbahn nehmen sie täglich etwa 10-20 kleine Mahlzeiten zu sich, die ihnen sowohl Nähr- als auch Ballaststoffe liefern und somit die Verdauung fördern.

Es ist unwahrscheinlich, dass Sie planen, Ihre Katze mit lebenden Mäusen zu ernähren, und die Zubereitung einer Vielzahl kleiner Mahlzeiten ist aus prak-tischen Gründen kaum umsetzbar.

Daher ist die Nutzung von handelsüblichem Katzenfutter, sowohl in Nass- als auch in Trockenform, die praktikable Lösung. Dabei ist ein hoher Fleischanteil essentiell, da Katzen einen hohen Bedarf an tierischem Eiweiß haben - deut-lich mehr als Hunde.

Dies beantwortet auch die Frage, ob Katzen mit Hundefutter ernährt werden können: Die Antwort ist nein. Gelegentliche „Besuche" am Hundenapf stellen jedoch kein Problem dar.

Eine artgerechte Ernährung Ihrer Katze umfasst mehr als nur spezielles Katzenfutter; es berücksichtigt auch die individuellen Lebensumstände Ihres Haustiers.

Der Energiebedarf einer Katze variiert je nach ihrem Aktivitätsniveau: offen-sichtlich benötigen heranwachsende Kätzchen, trächtige oder säugende Müt-ter sowie aktive Freigänger mehr Energie als solche, die den Großteil ihres Tages dösend verbringen.

Es ist jedoch nicht allein die Menge, sondern vielmehr die Qualität des Fut-ters, die zählt. Günstiges Futter mag zwar sättigen, führt aber schnell wieder zu Hunger, was oft zu Übergewicht ohne den Aufbau von Energiereserven führt.

Priorität sollte daher immer hochwertigem Futter eingeräumt werden.

Was definiert aber hochwertiges und passendes Futter?

Wichtig ist, dass es als Vollfutter alle notwendigen Nährstoffe in korrekter Zusammensetzung bietet, was bei kommerziellem Futter meist der Fall ist.

Hochwertig bedeutet auch, frei von künstlichen Aromen, Farb- und Konservierungsstoffen zu sein, möglichst zuckerarm und ohne große Mengen an tierischen Nebenprodukten.

Bei der Auswahl ist es ratsam, die Inhaltsstoffe genau zu studieren und zu vergleichen, um das optimale Futter auszuwählen. Leider wird dies oft vernachlässigt, obwohl die Qualität des Futters langfristig erheblichen Einfluss auf die Gesundheit und Lebensdauer der Katze hat.

Einige Beispiele, wie die Ernährung die Gesundheit Ihrer Katze beeinflusst:

Zähne:

Viele Katzen leiden unter Zahnproblemen, die durch die richtige Ernährung vermieden werden können.

Gewicht:

Übergewicht ist ein verbreitetes Problem und kann durch die Auswahl des richtigen Futters in der richtigen Menge gesteuert werden.

Herz, Nieren, Leber:

Die richtige Ernährung unterstützt die Funktion dieser lebenswichtigen Organe.

Harnwege:

Bestimmte Futtersorten können helfen, Harnwegsprobleme zu vermeiden.

Haut und Fell:

Eine ausgewogene Ernährung sorgt für gesunde Haut und glänzendes Fell.

Es ist ebenfalls wichtig, dass die Ernährung altersgerecht ist. Kätzchen benötigen Futter, das ihr Wachstum unterstützt, erwachsene Katzen benötigen eine ausgewogene Ernährung zur Erhaltung ihres Idealgewichts und ältere Katzen benötigen Futter, das auf ihre veränderten Stoffwechselbedingungen abgestimmt ist.

Zusammenfassend lässt sich sagen, dass die Wahl des richtigen Futters entscheidend für die Gesundheit Ihrer Katze ist. Verschiedene Lebensphasen erfordern unterschiedliche Ernährungsansätze, und die Qualität des Futters spielt dabei eine wesentliche Rolle.

Es gibt verschiedene Möglichkeiten, wie Sie Ihre Katze füttern können: mit Nassfutter, Trockenfutter oder durch die Rohfütterung, auch bekannt als BARF (Biologisch Artgerechtes Rohes Futter). Jede dieser Fütterungsmethoden hat ihre Vor- und Nachteile, die je nach den individuellen Bedürfnissen Ihrer Katze sowie Ihren persönlichen Vorlieben und Lebensumständen abgewogen werden sollten.

Nassfutter

Nassfutter ist bei vielen Katzen beliebt, da es aufgrund seines hohen Feuchtigkeitsgehalts (ca. 70-80%) der natürlichen Ernährung einer Katze, die in freier Wildbahn hauptsächlich kleine Beutetiere frisst, sehr nahe kommt.

Der hohe Feuchtigkeitsanteil fördert die Wasseraufnahme und kann somit zur Gesundheit der Harnwege beitragen. Zudem ist Nassfutter oft schmackhafter und kann für Katzen, die zu wenig trinken, eine gute Möglichkeit sein, ihren Flüssigkeitsbedarf zu decken.

Ein Nachteil von Nassfutter kann der relativ hohe Preis sein, besonders wenn man sich für hochwertige Produkte entscheidet.

Zudem ist geöffnetes Nassfutter nicht so lange haltbar und muss kühl gelagert werden, was eine sorgfältige Portionsplanung erfordert, um Verschwendung zu vermeiden.

Trockenfutter

Trockenfutter bietet den Vorteil der Bequemlichkeit. Es ist lange haltbar, einfach zu lagern und zu portionieren, was es zu einer praktischen Wahl für viele Katzenbesitzer macht.

Trockenfutter kann auch zur Zahnhygiene beitragen, da das Kauen harter Kroketten helfen kann, Zahnbelag zu reduzieren.

Allerdings hat Trockenfutter einen deutlich geringeren Feuchtigkeitsgehalt (etwa 10%), was bedeutet, dass Katzen, die hauptsächlich Trockenfutter fressen, ausreichend trinken müssen, um eine Dehydrierung zu vermeiden.

Dies kann insbesondere bei Katzen, die zu wenig trinken, zu Gesundheitsproblemen führen.

Einige Trockenfutterprodukte können auch einen hohen Gehalt an Kohlenhydraten aufweisen, was bei übermäßigem Konsum zu Übergewicht und Diabetes führen kann.

BARF (Biologisch Artgerechtes Rohes Futter)

Die BARF-Methode orientiert sich an der natürlichen Ernährung der Katze mit rohem Fleisch, Innereien, Knochen und einem kleinen Anteil an pflanzlichen Bestandteilen.

Befürworter dieser Ernährungsform argumentieren, dass sie eine artgerechte Versorgung mit allen notwendigen Nährstoffen ermöglicht und Gesundheit sowie Vitalität der Katze fördert.

Das BARFen erfordert jedoch ein tiefes Verständnis für die Ernährungsbedürfnisse von Katzen, um Mangelernährung zu vermeiden.

Es ist wichtig, eine ausgewogene Zusammensetzung sicherzustellen, die alle notwendigen Vitamine, Mineralien und Aminosäuren enthält.

Zudem besteht bei rohem Fleisch ein Risiko für Bakterien und Parasiten, weshalb Hygiene bei der Zubereitung und Lagerung von BARF-Futter von größter Bedeutung ist.

Im nächsten Kapital gehen wir etwas näher auf die BARF Fütterung bei Katzen ein.

Leckerchen!

Fazit

Die Entscheidung zwischen Nassfutter, Trockenfutter oder BARF sollte auf den individuellen Bedürfnissen Ihrer Katze, Ihren Möglichkeiten zur sorgfältigen Futterauswahl und -zubereitung sowie auf ernährungsphysiologischen Überlegungen basieren.

Unabhängig von der gewählten Fütterungsmethode ist es wichtig, auf die Qualität des Futters zu achten und sicherzustellen, dass Ihre Katze eine ausgewogene, ihren Bedürfnissen entsprechende Ernährung erhält.

Ein offener Dialog mit Ihrem Tierarzt kann dabei helfen, die beste Entscheidung für die Gesundheit und das Wohlbefinden Ihrer Katze zu treffen.

BARF

Das BARFen (Biologisch Artgerechtes Rohes Futter) bei Katzen ist eine Ernährungsform, die darauf abzielt, die natürliche Nahrung von freilebenden Katzen so genau wie möglich nachzubilden.

Dies bedeutet im Wesentlichen, dass Katzen mit rohem Fleisch, Innereien, Knochen und kleinen Anteilen pflanzlicher Nahrung gefüttert werden.

BARF soll Katzen eine ausgewogene, naturnahe Ernährung bieten, die ihre Gesundheit und Vitalität fördert.

Grundlagen des BARFens

Freilebende Katzen ernähren sich hauptsächlich von kleinen Beutetieren wie Vögeln, Mäusen und anderen kleinen Säugetieren. Diese Ernährung liefert nicht nur Proteine und Fette, sondern auch Vitamine, Mineralien und Flüssigkeit.

Beim BARFen versucht man, diese Ernährungsweise nachzuahmen, indem man eine Vielfalt an rohen Zutaten bereitstellt, die zusammen ein vollständiges Nährstoffspektrum abdecken.

Komponenten einer BARF-Diät

Muskel-Fleisch:

Bildet die Grundlage der Ernährung und sollte etwa 70-80% des Futterplans ausmachen. Gute Quellen sind Huhn, Pute, Rind, Kaninchen und Lamm.

Innereien:

Wichtig für die Versorgung mit Vitaminen und Mineralien. Herz kann als Muskel-Fleisch betrachtet werden, während Leber und Nieren in moderaten Mengen gefüttert werden sollten (ca. 5-10% der Diät).

Knochen:

Liefern Kalzium und fördern die Zahngesundheit. Geflügelhälse, Flügel oder speziell präparierte, gewolfte Knochen sind geeignet.

Supplemente:

Je nach Zusammensetzung der Diät können Ergänzungen wie Taurin, Vitamine, Omega-3-Fettsäuren und Mineralstoffe notwendig sein.

Pflanzliche Bestandteile:

In geringem Umfang können Gemüse oder Obst beigefügt werden, um die im Mageninhalt der Beutetiere vorgefundenen pflanzlichen Stoffe zu simulieren.

Beispiele und Rezepte
Grundrezept für Katzen-Barf:

80% Muskelfleisch (z.B. Huhn oder Rind)
10% Innereien (5% Leber, 5% andere Innereien wie Nieren oder Herz)
10% Knochen (gewolft oder kleine Hühnerhälse)

Variation mit Fisch:

70% Muskelfleisch (z.B. Truthahn)
10% Innereien
10% weiche Knochen
10% fetter Fisch (wie Lachs, für Omega-3-Fettsäuren)

Gemüse-Beilage (optional):
Katzen benötigen nur einen geringen Anteil an pflanzlichen Bestandteilen. Ein kleiner Anteil püriertes Gemüse (z.B. Kürbis oder Karotten) kann gelegentlich hinzugefügt werden, um Ballaststoffe zu liefern.

Supplementierung
Katzen haben spezielle Ernährungsbedürfnisse, die durch Supplemente sichergestellt werden müssen:

Taurin: Eine essentielle Aminosäure, die in Herz und Leber vorkommt, aber zusätzlich ergänzt werden sollte.

Vitamin E und Vitamin B-Komplex: Wichtig für das Immunsystem und den Stoffwechsel.

Omega-3-Fettsäuren: Können über Fischöl oder Leinsamenöl zugegeben werden.

Tipps für das Barfen

Hygiene:
Sorgfältiger Umgang mit rohem Fleisch ist essentiell, um das Risiko von Bakterien zu minimieren.

Abwechslung:
Wechseln Sie zwischen verschiedenen Fleischsorten und Innereien, um eine ausgewogene Ernährung zu gewährleisten.

Das schmeckt super!

Überwachung:
Beobachten Sie Ihre Katze genau, um sicherzustellen, dass sie das BARF-Futter gut verträgt und keine Nährstoffmängel entwickelt.

Beratung:
Ein Ernährungsberater für Tiere oder ein Tierarzt kann helfen, den BARF-Plan auf die individuellen Bedürfnisse Ihrer Katze abzustimmen.

Fazit
Barfen kann eine sehr gesunde und artgerechte Ernährungsweise für Katzen sein, erfordert aber ein hohes Maß an Engagement und Wissen vom Besitzer. Eine korrekt zusammengestellte BARF-Diät kann dazu beitragen, die Gesundheit und das Wohlbefinden der Katze zu fördern. Es ist jedoch wichtig, sich vorab gründlich zu informieren und gegebenenfalls fachkundige Beratung einzuholen.

Zu dünn, zu dick oder perfekt in form?

Das Ideal- oder Normalgewicht einer Katze ist entscheidend für ihre Gesundheit und ihr allgemeines Wohlbefinden.

Wie bei Menschen, kann das Gewicht von Katzen in verschiedene Kategorien eingeteilt werden: Sehr dünn, Untergewicht, Idealgewicht, Übergewicht und Fettsucht.

Jede Kategorie hat ihre eigenen Merkmale und gesundheitlichen Implikationen, die für die Pflege und das Management der Gesundheit einer Katze wichtig sind.

Sehr dünn

Katzen, die als sehr dünn eingestuft werden, zeigen oft deutlich sichtbare Rippen, Wirbelsäulen und Hüftknochen ohne erkennbares Körperfett.

Diese extreme Dünnheit kann auf Mangelernährung, chronische Krankheiten oder Stress zurückzuführen sein.

Sehr dünne Katzen sind oft anfälliger für Infektionen und Krankheiten aufgrund eines geschwächten Immunsystems und können unter einer Reihe von Gesundheitsproblemen leiden, einschließlich Energiemangel und Muskelschwund.

Untergewicht

Untergewichtige Katzen haben einen Körperzustand unterhalb des Ideals, wobei ihre Rippen leicht fühlbar sind und wenig Körperfett vorhanden ist.

Untergewicht kann durch unzureichende Nahrungsaufnahme, schlechte Qualität des Futters oder Gesundheitsprobleme verursacht werden.
Langfristig kann Untergewicht zu ernährungsbedingten Mängeln und einer Beeinträchtigung des Immunsystems führen.

Idealgewicht

Eine Katze mit Idealgewicht hat eine gut proportionierte Figur. Man kann ihre Rippen spüren, aber sie sind nicht sichtbar. Es gibt eine sichtbare Taille hinter den Rippen, wenn man die Katze von oben betrachtet, und einen minimalen Bauchumfang, wenn man sie von der Seite ansieht.

Katzen mit Idealgewicht sind in der Regel aktiver und gesünder, mit einem geringeren Risiko für chronische Krankheiten wie Diabetes, Herzkrankheiten und Gelenkprobleme.

Übergewicht

Übergewichtige Katzen haben überschüssiges Körperfett, das ihre Rippen bedeckt, sodass sie schwer zu fühlen sind. Die Taille ist weniger deutlich oder nicht vorhanden, und sie können einen hängenden Bauch haben.

Übergewicht kann die Folge von Überfütterung, mangelnder Bewegung oder metabolischen und gesundheitlichen Problemen sein.

Übergewicht erhöht das Risiko für mehrere Gesundheitsprobleme, einschließlich Arthritis, Diabetes und Leberkrankheiten.

Fettsucht

Fettsucht oder Adipositas ist ein Zustand, in dem eine Katze so viel Körperfett angesammelt hat, dass es ihre Gesundheit ernsthaft beeinträchtigt.

Eine fettsüchtige Katze hat keine erkennbare Taille, und ihr Bauch hängt deutlich. Rippen und Wirbelsäule sind unter dem Fett nicht fühlbar.

Fettsucht kann zu einer Reihe von ernsthaften Gesundheitsproblemen führen, darunter Diabetes mellitus, Gelenkprobleme und verkürzte Lebensspanne.

Fazit

Die Bestimmung des idealen Gewichts einer Katze und das Halten innerhalb dieser Kategorie ist entscheidend für ihre Gesundheit und Lebensqualität.

Katzenhalter sollten regelmäßige Gesundheitschecks mit ihrem Tierarzt durchführen, um das Gewicht ihrer Katze zu überwachen und gegebenenfalls Ernährungs- und Lebensstilanpassungen vorzunehmen.

Eine ausgewogene Ernährung, angemessene Bewegung und eine regelmäßige Überwachung des Gewichts sind Schlüsselkomponenten, um das ideale Gewicht einer Katze zu erreichen und zu erhalten.

Aber ist doch sooo lecker!

„Die Katze würde den Fisch fangen, will aber ihre Pfoten nicht nass machen."

- Altes chinesisches Sprichwort

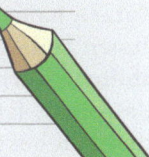

Gut investiertes Geld!

Eine professionelle Ernährungsberatung bei Katzen gewinnt zunehmend an Bedeutung, da immer mehr Katzenhalter das Wohlbefinden und die Gesundheit ihrer vierbeinigen Freunde in den Mittelpunkt stellen. Die richtige Ernährung spielt eine entscheidende Rolle für die Gesundheit und das Wohlbefinden von Katzen, beeinflusst deren Gewicht, Haut- und Fellbeschaffenheit, sowie die allgemeine Lebensqualität.

Warum eine professionelle Ernährungsberatung?
Katzen haben spezifische ernährungsphysiologische Bedürfnisse, die sich von denen anderer Haustiere, einschließlich Hunden, deutlich unterscheiden. Als obligate Karnivoren benötigen sie eine Diät, die reich an Proteinen tierischen Ursprungs ist. Darüber hinaus haben Katzen einzigartige Bedürfnisse hinsichtlich bestimmter Nährstoffe wie Taurin, Arachidonsäure und Vitamin A, die in ausreichender Menge in ihrer Nahrung vorhanden sein müssen, um

Mangelerscheinungen und gesundheitliche Probleme zu vermeiden.
Eine professionelle Ernährungsberatung für Katzen kann individuell auf die Bedürfnisse jeder Katze zugeschnitten werden und berücksichtigt Alter, Gewicht, Gesundheitszustand, Aktivitätslevel und etwaige spezielle Anforderungen oder Einschränkungen. Sie kann bei der Auswahl des richtigen Futters helfen, sei es Fertigfutter oder eine ausgewogene selbst zubereitete Diät, und Empfehlungen zur Fütterungsroutine und Portionsgrößen geben.

Was umfasst eine professionelle Ernährungsberatung?

Eine professionelle Ernährungsberatung beginnt üblicherweise mit einer umfassenden Beurteilung der Katze, die eine Anamnese, eine körperliche Untersuchung und manchmal auch Bluttests umfasst, um den Gesundheitszustand und spezifische Bedürfnisse zu ermitteln. Basierend auf diesen Informationen erstellt der Ernährungsberater einen individuellen Ernährungsplan, der Empfehlungen zu Art und Menge des Futters sowie zur Fütterungshäufigkeit enthält.

Zusätzlich zur Erstellung eines Ernährungsplans kann eine Ernährungsberatung auch Tipps zur Gewichtskontrolle, Informationen zu Nahrungsergänzungsmitteln und Ratschläge zur Vorbeugung ernährungsbedingter Gesundheitsprobleme umfassen. Einige Berater bieten zudem Unterstützung bei der Umstellung auf eine neue Diät und regelmäßige Nachsorgetermine an, um die Fortschritte zu überwachen und den Ernährungsplan bei Bedarf anzupassen.

Kosten einer professionellen Ernährungsberatung

Die Kosten für eine professionelle Ernährungsberatung für Katzen können je nach Umfang der Dienstleistung, der Qualifikation des Beraters und dem Standort variieren. Eine initiale Beratung kann zwischen 50 und 150 Euro kosten, wobei umfassendere Pläne und langfristige Betreuung höhere Kosten verursachen können. Einige Tierärzte und spezialisierte Ernährungsberater bieten Pakete an, die mehrere Beratungssitzungen, individuelle Ernährungspläne und regelmäßige Nachsorgeuntersuchungen umfassen, was langfristig kosteneffektiver sein kann.

Es ist wichtig zu beachten, dass die Kosten für eine professionelle Ernährungsberatung eine Investition in die Gesundheit und das Wohlbefinden der Katze darstellen und langfristig zu einer Reduzierung der Gesundheitskosten durch Prävention ernährungsbedingter Krankheiten führen können.

Eine professionelle Ernährungsberatung kann einen wesentlichen Beitrag zur Gesundheit und Lebensqualität von Katzen leisten. Sie bietet eine maßgeschneiderte Lösung, die auf die individuellen Bedürfnisse jeder Katze eingeht.

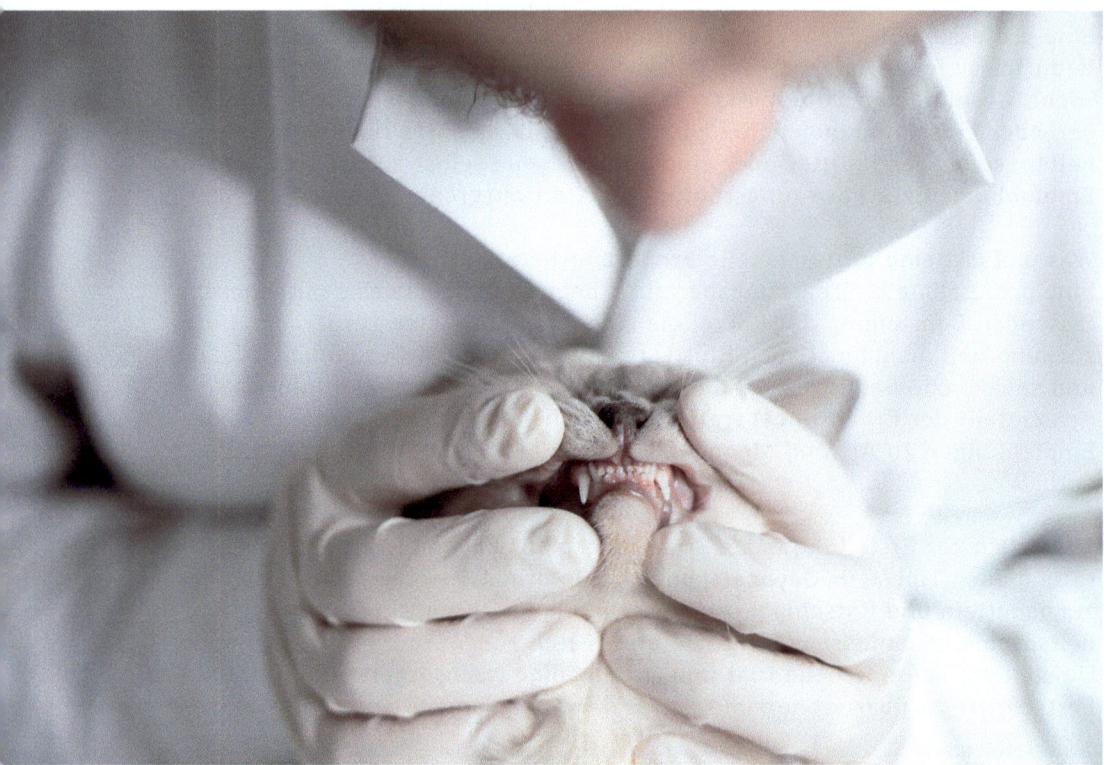

Auch sehr wichtig: die Pflege rundum

Die Körperpflege der Burmakatze ist ein wesentlicher Aspekt ihrer Haltung, der nicht nur das Wohlbefinden und die Gesundheit der Katze fördert, sondern auch die Bindung zwischen Katze und Besitzer vertieft.

Burmakatzen sind bekannt für ihr seidiges Fell, das besondere Pflege verdient, sowie für ihre anhängliche Natur, die eine liebevolle Betreuung umso wichtiger macht.

Fellpflege

Das Fell der Burmakatze ist kurz, glatt und fühlt sich wunderbar weich an. Es hat eine gleichmäßige Farbe, die von warmem Braun bis zu zarten Tönen wie Blau oder Lilac reicht.

Trotz ihres pflegeleichten Fells ist regelmäßige Pflege wichtig, um das Fell glänzend und gesund zu halten:

Bürsten:

Obwohl Burmakatzen nicht stark haaren, hilft regelmäßiges Bürsten, abgestorbene Haare zu entfernen und die Verteilung der natürlichen Hautöle zu fördern. Ein- bis zweimal pro Woche Bürsten reicht in der Regel aus.

Baden:

Burmakatzen benötigen selten ein Bad, da sie sich gut selbst pflegen. Sollte ein Bad notwendig sein, beispielsweise nach einem Ausflug ins Freie, verwenden Sie ein mildes, für Katzen geeignetes Shampoo.

Krallenpflege

Die Krallenpflege ist ein wichtiger Bestandteil der Gesundheitsvorsorge für Ihre Burmakatze.

Krallenschneiden:

Das regelmäßige Trimmen der Krallen, etwa alle paar Wochen, verhindert, dass sie zu lang werden und Verletzungen verursachen.

Kratzmöglichkeiten:

Bieten Sie ausreichend Kratzbäume und -matten an, damit Ihre Burmakatze ihre Krallen auf natürliche Weise pflegen und markieren kann.

Zahnhygiene

Die Zahnpflege ist entscheidend für die allgemeine Gesundheit Ihrer Burmakatze.

Zähneputzen:

Regelmäßiges Zähneputzen mit einer speziellen Zahnbürste und -paste für Katzen hilft, Plaque und Zahnsteinbildung vorzubeugen und Zahnkrankheiten zu vermeiden.

Tierärztliche Kontrollen:

Eine regelmäßige Kontrolle der Mundgesundheit durch den Tierarzt ist wichtig, um potenzielle Probleme frühzeitig zu erkennen.

Ohren- und Augenpflege

Die Augen und Ohren der Burmakatze sollten regelmäßig überprüft und gereinigt werden:

Ohrenreinigung:

Reinigen Sie die Ohren bei Bedarf vorsichtig mit einem feuchten Tuch oder einem speziellen Ohrenreiniger für Katzen, um Schmutz und Ablagerungen zu entfernen.

Augenpflege:

Entfernen Sie sanft Verkrustungen um die Augen mit einem weichen, feuchten Tuch, um die Augen klar und gesund zu halten.

Ernährung und Gesundheitsvorsorge

Eine ausgewogene Ernährung ist entscheidend für die Gesundheit und das Wohlbefinden Ihrer Burmakatze. Hochwertiges Futter, das reich an Omega-3- und Omega-6-Fettsäuren ist, trägt dazu bei, das Fell glänzend und geschmeidig zu halten.

Regelmäßige tierärztliche Untersuchungen sind unerlässlich, um die allgemeine Gesundheit Ihrer Burmakatze zu überwachen und frühzeitig auf eventuelle Probleme reagieren zu können.

Abschließende Gedanken

Die Körperpflege der Burmakatze ist ein wichtiger Bestandteil ihrer Haltung und bietet die Gelegenheit, die Bindung zu Ihrer Katze zu stärken und zu ihrem Wohlbefinden beizutragen.

Mit regelmäßiger Pflege und liebevoller Aufmerksamkeit können Sie sicherstellen, dass Ihre Burmakatze gesund, glücklich und in bester Verfassung bleibt.

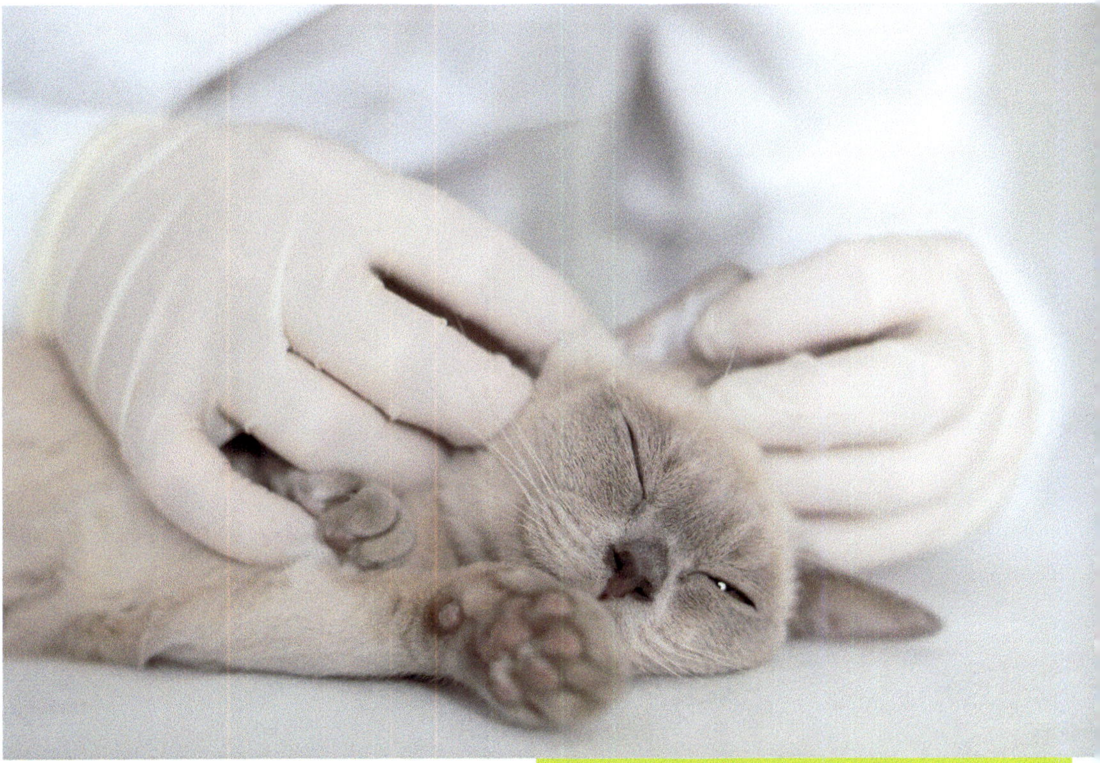

Die Ohrenkontrolle!

„Wenn der Löwe der König der Tiere ist, ist die Katze die Königin des Hauses." - Englisch Sprichwort

Noch ein Wichtiges Thema: Gesundheit

Die häufigsten Katzenkrankheiten richtig erkennen und handeln.

Die Gesundheit unserer Katzen liegt uns allen am Herzen. Um ihre Lebensqualität zu verbessern und ihr Leben zu verlängern, ist es wichtig, über die häufigsten Krankheiten Bescheid zu wissen, wie man sie erkennt, vorbeugt und behandelt.

Hier sind einige der verbreitetsten Katzenkrankheiten, inklusive Hinweise zur Erkennung, Vorbeugung und Maßnahmen.

Katzenschnupfen (Feline Respiratorische Infektionen)

Erkennung: Symptome umfassen Niesen, Nasen- und Augenausfluss, Fieber, Appetitlosigkeit und Lethargie.

Vorbeugung: Regelmäßige Impfungen und die Vermeidung von Kontakt zu infizierten Katzen.

Maßnahmen: Behandlung mit antiviralen Medikamenten und Antibiotika gegen sekundäre bakterielle Infektionen, unterstützende Pflege.

Chronische Nierenkrankheit (CNK)

Erkennung: Symptome sind erhöhter Durst und Urinproduktion, Gewichtsverlust, Appetitlosigkeit und Erbrechen.

Vorbeugung: Regelmäßige Gesundheitschecks, um die Krankheit frühzeitig zu erkennen.

Maßnahmen: Diätetische Anpassungen, Flüssigkeitstherapie, Medikamente zur Kontrolle von Blutdruck und Phosphatspiegeln.

Felines Immunodefizienzvirus (FIV)

Erkennung: Oft lange symptomfrei, später Anfälligkeit für sekundäre Infektionen.

Vorbeugung: Vermeidung von Kämpfen mit anderen Katzen, FIV-Impfung in bestimmten Fällen.

Maßnahmen: Unterstützende Pflege, Prävention von Sekundärinfektionen.

Feline Leukämie Virus (FeLV)

Erkennung: Gewichtsverlust, schlechtes Fell, wiederkehrende Infektionen, Fieber, Appetitlosigkeit.

Vorbeugung: Impfung, Vermeidung des Kontakts mit infizierten Katzen.

Maßnahmen: Symptomlinderung, Prävention von Sekundärinfektionen.

Diabetes Mellitus

Erkennung: Vermehrtes Trinken und Urinieren, Gewichtsverlust trotz guten Appetits, Lethargie.

Vorbeugung: Gesunde Ernährung, regelmäßige Bewegung, Gewichtskontrolle.

Maßnahmen: Insulininjektionen, diätetische Anpassungen, Blutzuckerüberwachung.

Hyperthyreose

Erkennung: Gewichtsverlust, erhöhter Appetit, erhöhte Aktivität oder Unruhe, Erbrechen, Durchfall.

Vorbeugung: Schwierig, da die genauen Ursachen oft unbekannt sind.

Maßnahmen: Medikamentöse Behandlung, radioaktive Jodtherapie, chirurgische Entfernung der betroffenen Drüse.

Untere Harnwegserkrankungen (Feline Lower Urinary Tract Disease, FLUTD)

Erkennung: Schwierigkeiten beim Urinieren, Blut im Urin, häufiges Urinieren kleiner Mengen, Unsauberkeit.

Vorbeugung: Ausreichende Flüssigkeitsaufnahme, Stressreduktion, regelmäßige Kontrollen.

Maßnahmen: Flüssigkeitstherapie, Diätumstellung, Medikamente, in schweren Fällen Operation.

Zahnkrankheiten

Erkennung: Schlechter Atem, Zahnbelag, Zahnstein, Zahnfleischentzündung, Verlust von Zähnen.

Vorbeugung: Regelmäßige Zahnreinigung, Zahngesundheitsdiät.

Maßnahmen: Professionelle Zahnreinigung, Zahnextraktionen bei Bedarf.

Ohrmilben (Otodectes cynotis)

Erkennung: Juckreiz im Ohrbereich, Kopfschütteln, dunkle Krusten im Ohr.

Vorbeugung: Regelmäßige Reinigung der Ohren, Vermeidung von Kontakt mit infizierten Tieren.

Maßnahmen: Topische Medikamente zur Eliminierung der Milben, Reinigung der Ohren.

Durchfall

Erkennung: Häufiger, wässriger Stuhlgang, eventuell mit Blut oder Schleim.

Vorbeugung: Hochwertiges Futter, Vermeidung von abrupten Futterwechseln, Zugang zu frischem Wasser.

Maßnahmen: Je nach Ursache können Flüssigkeitstherapie, diätetische Anpassungen oder spezifische Medikamente erforderlich sein. Bei anhaltendem Durchfall sollte ein Tierarzt konsultiert werden.

Herzerkrankungen

Erkennung: Atemnot, Husten, reduzierte Aktivität, schnelle Ermüdung.

Vorbeugung: Regelmäßige veterinärmedizinische Untersuchungen zur frühzeitigen Erkennung, Gewichtskontrolle.

Maßnahmen: Medikamentöse Therapie zur Unterstützung der Herzfunktion, diätetische Anpassungen, Management von begleitenden Symptomen.

Asthma / Chronische Bronchitis

Erkennung: Husten, Keuchen, Atemnot, besonders nach körperlicher Anstrengung.

Vorbeugung: Minimierung von Stress und Allergenen in der Umgebung der Katze.

Maßnahmen: Inhalative Steroide, Bronchodilatatoren, Sauerstofftherapie in schweren Fällen.

Pankreatitis

Erkennung: Erbrechen, Diarrhö, Appetitlosigkeit, Bauchschmerzen.

Vorbeugung: Ausgewogene Ernährung, Vermeidung von fetthaltigem Futter.

Maßnahmen: Flüssigkeitstherapie, Schmerzmanagement, ernährungsbedingte Unterstützung und gegebenenfalls antiemetische Medikamente.

Hautkrankheiten (z.B. Allergien, Ekzeme)

Erkennung: Juckreiz, Hautrötungen, Schuppenbildung, Haarausfall, übermäßiges Lecken oder Kratzen.

Vorbeugung: Regelmäßige Fellpflege, Vermeidung von bekannten Allergenen.

Maßnahmen: Antihistaminika, topische Steroide oder Antibiotika je nach Ursache, spezielle Shampoos, Diätanpassungen bei Nahrungsmittelallergien.

Feline Infektiöse Peritonitis (FIP)

Erkennung: Es gibt zwei Formen – nass (mit Flüssigkeitsansammlungen im Bauch oder Brustkorb) und trocken (ohne Flüssigkeitsansammlung). Symptome umfassen Fieber, Lethargie, Appetitlosigkeit, Gewichtsverlust, und bei der nassen Form zusätzlich einen geschwollenen Bauch.

Vorbeugung: Schwierig, da die Übertragung hauptsächlich durch Kontakt mit infizierten Ausscheidungen erfolgt. Gute Hygiene und Isolierung infizierter Katzen können helfen.

Maßnahmen: Bis vor kurzem galt FIP als unheilbar. Neue antivirale Medikamente zeigen jedoch Erfolg in der Behandlung, sind aber teuer und nicht immer verfügbar.

Kastration bei Katzen, sowohl bei Männchen als auch bei Weibchen, bringt zahlreiche gesundheitliche Vorteile, kann aber auch spezifische gesundheitliche Bedenken mit sich bringen. Einige der häufigsten Erkrankungen, die bei kastrierten Katzen auftreten können, umfassen Harngries (Urolithiasis), Übergewicht und damit verbundene Stoffwechselerkrankungen. Hier eine detaillierte Betrachtung dieser Bedingungen:

Harngries und Urolithiasis (Harnsteinerkrankung)

Erkennung: Schwierigkeiten beim Urinieren, häufiges Urinieren kleiner Mengen, Schmerzäußerungen beim Urinieren, Blut im Urin.

Vorbeugung: Förderung der Wasseraufnahme (z.B. durch Bereitstellung von Frischwasserbrunnen, Nassfutter), regelmäßige gesundheitliche Überwachung,

Diäten mit kontrolliertem Mineralgehalt.

Maßnahmen: Diätumstellung auf spezielles Futter, das die Auflösung von Kristallen unterstützt und der Bildung von neuen vorbeugt, Schmerzmanagement, in schweren Fällen chirurgische Entfernung der Steine oder Erweiterung der Harnröhre.

Übergewicht

Kastrierte Katzen neigen aufgrund eines veränderten Stoffwechsels und verminderter Aktivität eher zu Übergewicht und Adipositas, was das Risiko für verschiedene Gesundheitsprobleme wie Diabetes mellitus, Gelenkerkrankungen und Leberverfettung erhöht.

Erkennung: Gewichtszunahme, Fettansammlung um den Bauch, mangelnde Taille.

Vorbeugung: Angepasste Fütterungsmengen, hochwertiges Futter, Förderung von Bewegung und Spiel.

Maßnahmen: Gewichtsreduktionsprogramme unter tierärztlicher Aufsicht, Umstellung auf Diätfutter, regelmäßige körperliche Aktivität.

Diabetes Mellitus

Übergewicht bei kastrierten Katzen kann das Risiko für Diabetes Mellitus erhöhen, besonders bei älteren Tieren.

Erkennung: Vermehrtes Trinken und Urinieren, Gewichtsverlust trotz guten Appetits, Lethargie.

Vorbeugung: Gewichtskontrolle, regelmäßige gesundheitliche Überwachung.

Maßnahmen: Insulintherapie, diätetische Anpassungen, regelmäßige Blutzuckerüberwachung.

Harnwegsinfektionen und -erkrankungen

Harnwegsinfektionen und -erkrankungen treten bei kastrierten Katzen häufiger auf, teilweise aufgrund von Übergewicht, das zu einer geringeren Aktivität führt und dadurch die Häufigkeit der Blasenentleerungen reduziert, was wiederum das Risiko für Infektionen erhöht.

Erkennung: Schwierigkeiten beim Urinieren, häufiges Urinieren kleiner Mengen, Unsauberkeit.

Vorbeugung: Förderung der Wasseraufnahme, regelmäßige gesundheitliche Überwachung.

Maßnahmen: Antibiotika bei bakteriellen Infektionen, Schmerzmanagement, Förderung der Blasenentleerung.

Struvitsteine

Struvitsteine sind eine Form von Blasensteinen, die besonders bei kastrierten Katzen auftreten können. Sie bilden sich, wenn der Urin alkalisch wird, was durch bestimmte Diäten und mangelnde Flüssigkeitsaufnahme begünstigt wird.

Erkennung: Ähnlich wie bei Harngries und Urolithiasis.

Vorbeugung: Diätmanagement, um den pH-Wert des Urins im idealen Bereich zu halten, Förderung der Flüssigkeitsaufnahme.

Maßnahmen: Auflösung der Steine durch spezielle Diäten, in schweren Fällen chirurgische Entfernung.

Die beste Strategie, um diese gesundheitlichen Probleme zu vermeiden oder zu minimieren, besteht darin, ein wachsames Auge auf das Verhalten und die körperliche Verfassung Ihrer Katze zu haben, insbesondere nach der Kastration.

Hier sind einige zusätzliche Tipps, wie Sie Ihre kastrierte Katze gesund halten können:

Regelmäßige tierärztliche Kontrollen

Planen Sie regelmäßige Besuche beim Tierarzt ein, um den Gesundheitszustand Ihrer Katze zu überwachen und frühzeitig auf mögliche Probleme zu reagieren.

Diese Kontrollen sollten mindestens einmal jährlich stattfinden und können wichtige Vorsorgeuntersuchungen wie Bluttests und Urinanalysen umfassen.

Angepasste Ernährung

Verwenden Sie Futter, das speziell für kastrierte Katzen formuliert wurde.

Diese Produkte berücksichtigen den veränderten Energiebedarf und helfen, das Risiko von Übergewicht und damit verbundenen Krankheiten zu reduzieren.

Überwachen Sie die Futtermenge, um Übergewicht zu vermeiden, und stellen Sie sicher, dass Ihre Katze immer Zugang zu frischem, sauberem Wasser hat.

Fördern von Aktivität

Halten Sie Ihre Katze mit regelmäßigem Spiel und Bewegung aktiv. Dies hilft nicht nur, Übergewicht zu vermeiden, sondern stimuliert auch den Geist und fördert ein gesundes Verdauungssystem sowie die Blasenfunktion.

Stressmanagement

Stress kann bei Katzen zu einer Vielzahl von Gesundheitsproblemen führen, einschließlich Harnwegserkrankungen. Stellen Sie sicher, dass Ihre Katze eine beruhigende Umgebung hat, bieten Sie Verstecke und Rückzugsorte an und vermeiden Sie abrupte Änderungen in ihrem Lebensraum.

Überwachung des Urinverhaltens

Achten Sie auf Anzeichen von Schwierigkeiten beim Urinieren oder Veränderungen im Urinverhalten Ihrer Katze, da dies frühe Anzeichen für Harnwegserkrankungen sein können. Bei Anzeichen von Beschwerden oder Schmerzen sollte umgehend ein Tierarzt konsultiert werden.

Durch die Beachtung dieser Richtlinien können Sie dazu beitragen, die Gesundheit und das Wohlbefinden Ihrer kastrierten Katze zu fördern und ihr ein langes, glückliches Leben zu ermöglichen.

Erinnern Sie sich daran, dass eine proaktive Herangehensweise an die Gesundheitspflege oft der Schlüssel zur Prävention von Krankheiten und zur Minimierung von gesundheitlichen Problemen ist.

Die Sache mit der Rolligkeit

Die Rolligkeit, auch Brunst genannt, ist ein natürlicher Teil des Reproduktionszyklus bei weiblichen Katzen (Kätzinnen), der sie auf die Paarung und Fortpflanzung vorbereitet. Dieser Zyklus ist für Katzenbesitzer oft besonders auffällig durch das veränderte Verhalten der Katze während dieser Zeit. Ein Verständnis der Rolligkeit kann dabei helfen, das Verhalten Ihrer Katze besser zu verstehen und entsprechend zu unterstützen.

Was ist Rolligkeit?

Die Rolligkeit ist der Zeitraum, in dem eine weibliche Katze paarungsbereit ist. Sie kann bereits im Alter von vier bis sechs Monaten beginnen, variiert jedoch stark zwischen den einzelnen Tieren.

Phasen des Zyklus
Der östruszyklus der Katze besteht aus mehreren Phasen:

Proöstrus: Diese Phase dauert etwa ein bis zwei Tage. Obwohl die Katze noch nicht paarungsbereit ist, beginnt sie, männliches Interesse zu wecken.

Östrus (Rolligkeit): Diese Hauptphase der Paarungsbereitschaft kann zwischen drei und vierzehn Tagen dauern, wenn die Katze nicht gedeckt wird. Während dieser Zeit zeigt die Katze deutliche Verhaltensänderungen.

Metöstrus (Diestrus): Wenn die Katze während der Rolligkeit gedeckt wurde, tritt sie in die Metöstrus-Phase ein, die bis zur Geburt oder Scheinträchtigkeit dauert. Wird die Katze nicht gedeckt, dauert diese Phase etwa zwei bis drei Wochen.

Anöstrus: Dies ist die Ruhephase des Zyklus, die zwischen den Brunstphasen auftritt, normalerweise im Winter, wenn die Tage kürzer sind.

Erkennung der Rolligkeit
Während der Rolligkeit zeigt die Katze verschiedene Verhaltensweisen, die darauf hinweisen, dass sie paarungsbereit ist:

Erhöhte Zuneigung: Die Katze wird möglicherweise anhänglicher und reibt sich häufiger an Gegenständen, Menschen und anderen Haustieren.

Lautäußerungen: Sie kann lauter und häufiger miauen oder jammern, ein Verhalten, das oft als „Rufen" bezeichnet wird.

Erhöhte Körperpflege: Besonders im Genitalbereich.

Position zur Paarung: Die Katze nimmt eine typische Paarungsposition ein, senkt den Vorderkörper, hebt das Hinterteil an und tritt mit den Hinterpfoten auf der Stelle (sogenanntes „Treteln").

Appetitveränderungen: Manche Katzen fressen während der Rolligkeit weniger.

Umgang mit der Rolligkeit

Es gibt verschiedene Möglichkeiten, wie Katzenbesitzer die Rolligkeit ihrer Katze handhaben können:

Kastration: Die effektivste Methode, um die Rolligkeit zu verhindern, ist die Kastration. Dies reduziert nicht nur unerwünschtes Verhalten während der Rolligkeit, sondern verringert auch das Risiko bestimmter Gesundheitsprobleme und verhindert ungewollten Nachwuchs.

Ablenkung: Beschäftigung und Spiel können helfen, die Katze abzulenken und einige der stressigen Aspekte der Rolligkeit zu mildern.

Pheromontherapie: Pheromon-Diffusoren oder -Sprays können helfen, die Katze zu beruhigen.

Abschließende Gedanken
Während die Rolligkeit ein natürlicher und notwendiger Teil des Lebens einer Katze ist, kann sie für Katzen und ihre Besitzer herausfordernd sein.

Durch Verständnis, Geduld und angemessene Pflege können Sie Ihrer Katze helfen, diese Zeit so stressfrei wie möglich zu überstehen.

Besprechen Sie mit Ihrem Tierarzt die beste Vorgehensweise, insbesondere wenn Sie eine Kastration in Betracht ziehen oder wenn das Verhalten Ihrer Katze während der Rolligkeit extrem stressig oder problematisch wird.

Die Sache mit der Zeugungsfähigkeit

Wenn ein Kater zeugungsfähig wird, tritt er in eine neue Lebensphase ein, die sowohl für ihn als auch für seine Besitzer bedeutende Veränderungen mit sich bringen kann. Diese Phase markiert den Übergang von der Jugend zur sexuellen Reife und hat weitreichende Auswirkungen auf sein Verhalten, seine Gesundheit und seine Interaktionen mit Menschen sowie anderen Katzen.

Beginn der Zeugungsfähigkeit

Kater erreichen in der Regel zwischen dem 6. und 9. Lebensmonat ihre Geschlechtsreife, obwohl dies variieren kann. Einige frühe Reifen können bereits im Alter von 4 Monaten zeugungsfähig sein, während bei anderen, insbesondere bei größeren Rassen, die Geschlechtsreife erst nach 12 Monaten eintritt.

Die Zeichen der Geschlechtsreife umfassen eine erhöhte Aufmerksamkeit für weibliche Katzen, territoriales Verhalten und manchmal auch eine Veränderung der Körperhaltung und des Geruchs.

Verhaltensänderungen

Mit dem Eintritt in die Geschlechtsreife zeigen Kater oft deutliche Verhaltensänderungen:

Territorialverhalten: Kater beginnen, ihr Territorium zu markieren, indem sie Urin versprühen, der einen stärkeren, markanteren Geruch hat als der von nicht geschlechtsreifen Katern. Dieses Markieren dient der Kommunikation mit anderen Katzen und der Festlegung von Reviergrenzen.

Rufverhalten: Geschlechtsreife Kater können laute Rufe oder Miauen ausstoßen, besonders nachts, um weibliche Katzen anzulocken oder mit Rivalen zu kommunizieren.

Aggressivität: Einige Kater werden gegenüber anderen Katern aggressiver, insbesondere wenn es um die Konkurrenz um paarungsbereite weibliche Katzen geht. Dies kann zu Kämpfen führen, die Verletzungen nach sich ziehen können.

Streunen: Die Suche nach paarungsbereiten Weibchen kann dazu führen, dass Kater größere Gebiete durchstreifen und dabei ein höheres Risiko eingehen, verloren zu gehen, in Unfälle verwickelt zu werden oder mit Krankheiten in Kontakt zu kommen.

Gesundheitliche Aspekte

Die Geschlechtsreife bringt auch gesundheitliche Aspekte mit sich, die berücksichtigt werden müssen:

Übertragbare Krankheiten: Freilaufende, geschlechtsreife Kater haben ein erhöhtes Risiko, sich mit FIV (Felines Immundefizienz-Virus) oder FeLV (Feline Leukämie-Virus) anzustecken, besonders durch Kämpfe mit anderen Katzen.

Verletzungen: Die erhöhte Aggressivität und das Streunen können zu Verletzungen durch Kämpfe oder Unfälle führen.

Ungeplante Fortpflanzung: Geschlechtsreife Kater können zur Überpopulation von Katzen beitragen, indem sie unkontrolliert mit weiblichen Katzen Nachwuchs zeugen.

Management und Prävention
Um die mit der Geschlechtsreife verbundenen Herausforderungen zu bewältigen, können Besitzer mehrere Maßnahmen ergreifen:

Kastration: Eine der effektivsten Methoden zur Verhaltensmodifikation und zur Vermeidung von ungeplantem Nachwuchs. Kastration kann auch das Risiko von Krankheiten und Verletzungen reduzieren, die mit dem Streunen und Kämpfen verbunden sind.

Sichere Umgebung: Stellen Sie sicher, dass Ihr Kater in einem sicheren, bereichernden Umfeld lebt, das ihn geistig und körperlich stimuliert, ohne dass er streunen muss.

Regelmäßige tierärztliche Kontrolle: Regelmäßige Besuche beim Tierarzt sind wichtig, um die Gesundheit Ihres Katers zu überwachen und frühzeitig auf mögliche Probleme zu reagieren.

Das Verständnis und die richtige Handhabung der Zeugungsfähigkeit eines Katers sind entscheidend für sein Wohlbefinden und eine harmonische Beziehung zwischen ihm und seinen Besitzern.

Durch verantwortungsvolle Pflege und gegebenenfalls die Entscheidung zur Kastration können viele der Herausforderungen, die mit dieser Lebensphase einhergehen, erfolgreich gemeistert werden.

Umweltanreicherung

Um den Bedürfnissen eines geschlechtsreifen Katers gerecht zu werden und unerwünschtes Verhalten zu minimieren, ist eine Umweltanreicherung von großer Bedeutung. Dies kann folgende Maßnahmen umfassen:

Interaktives Spielzeug: Bieten Sie verschiedene Arten von Spielzeug an, die Ihrem Kater ermöglichen, seine Jagdinstinkte auf sichere Weise auszuleben. Interaktive Spielzeuge, die Bewegung simulieren, können besonders anspre-chend sein.

Kletterstrukturen: Katzenbäume oder Regale, die speziell für Katzen konzi-piert wurden, ermöglichen es Ihrem Kater, zu klettern und zu erkunden, was seinem natürlichen Verhalten entspricht.

Verstecke und Rückzugsorte: Stellen Sie sicher, dass Ihr Kater Zugang zu ru-higen Orten hat, an denen er sich zurückziehen und entspannen kann. Dies ist besonders wichtig in Haushalten mit mehreren Katzen oder Haustieren.

Bildung und Unterstützung für Besitzer
Katzenbesitzer sollten sich über die Entwicklungen und Veränderungen infor-mieren, die mit der Geschlechtsreife einhergehen. Teilnahme an Informations-veranstaltungen, das Lesen von Fachliteratur und der Austausch mit erfah-renen Katzenhaltern oder Fachleuten können wertvolle Einblicke und Tipps bieten, um die Phase der Geschlechtsreife gut zu meistern.

Fazit

Wenn ein Kater zeugungsfähig wird, ist dies ein natürlicher Teil seines Le-benszyklus, der sowohl faszinierende als auch herausfordernde Aspekte mit sich bringt.

Durch verantwortungsvolles Management, einschließlich der Überlegung zur Kastration, sowie die Bereitstellung einer anregenden Umgebung, können Be-sitzer dazu beitragen, das Wohlbefinden ihres Katers zu maximieren und eine positive Beziehung zu ihm aufrechtzuerhalten.

Es ist wichtig, dass Katzenbesitzer proaktiv handeln und die notwendigen Schritte unternehmen, um sicherzustellen, dass ihr Kater ein gesundes, aus-geglichenes und erfülltes Leben führt.

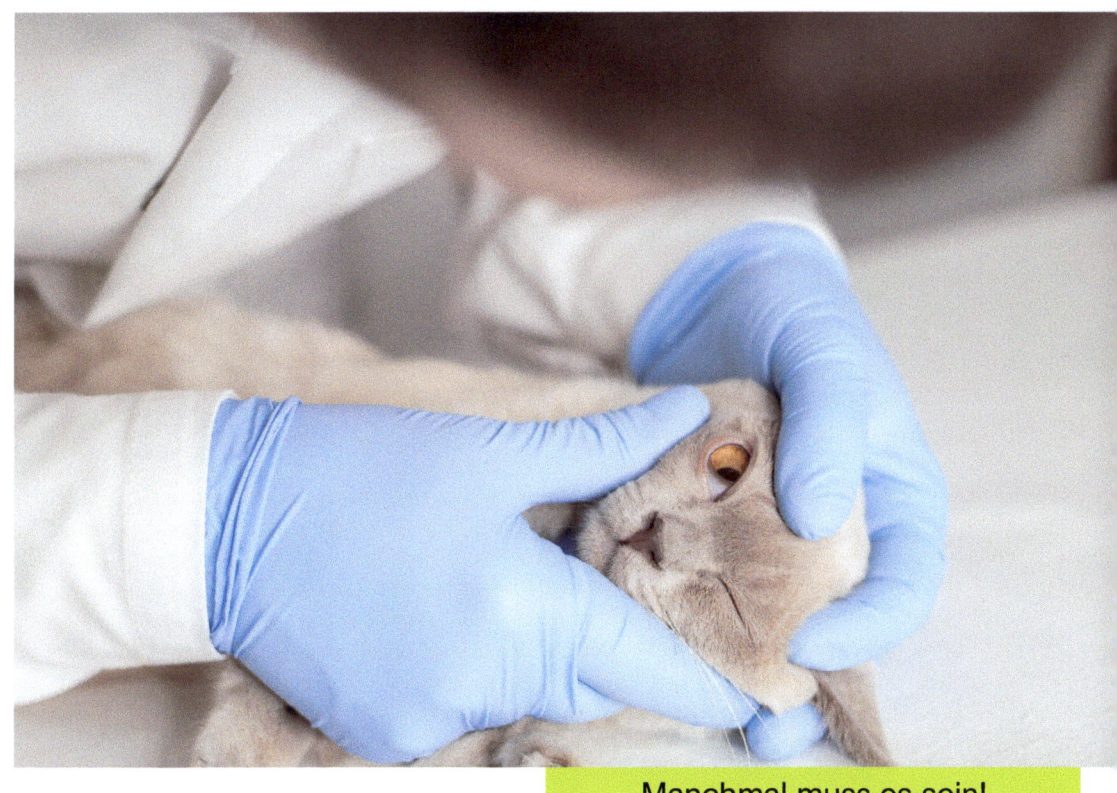

Manchmal muss es sein!

„Eine Katze sieht nicht auf dich herab. Sie schaut zu dir auf." (Chinesisches Sprichwort)

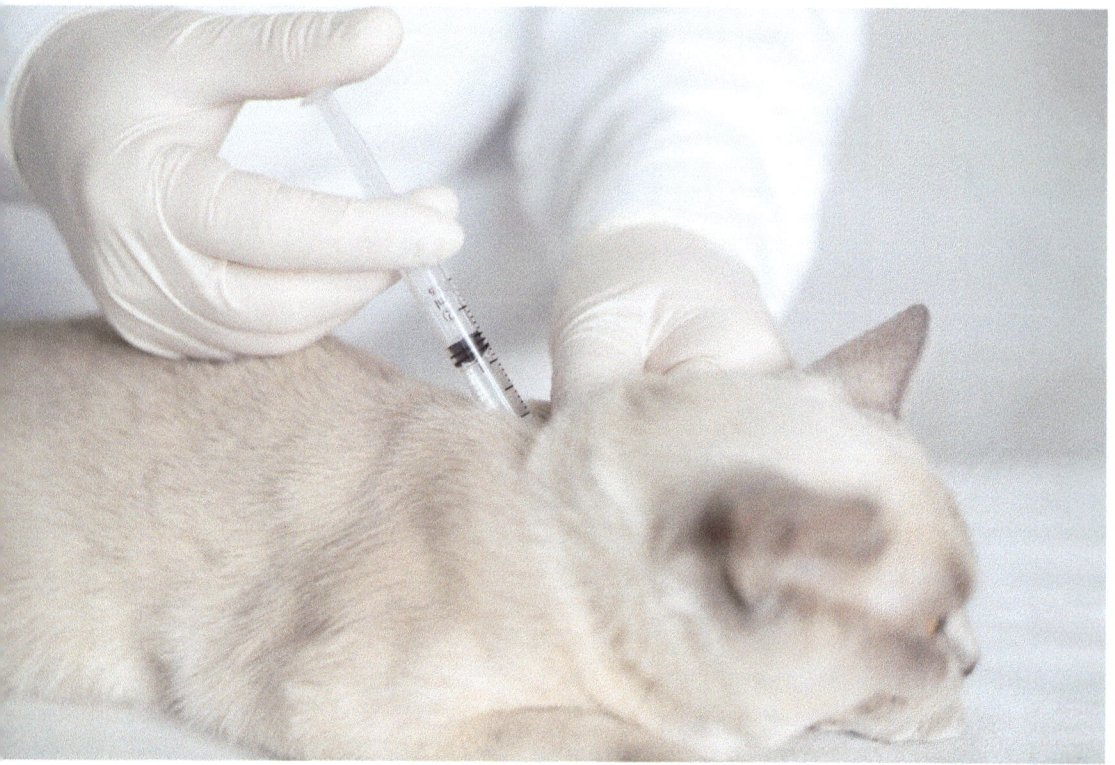

Typisch aber nicht zwangsläufig.

Die Burmakatze, bekannt für ihre sanfte Persönlichkeit und ihr glänzendes, seidiges Fell, gilt allgemein als eine robuste und gesunde Rasse. Dennoch, wie bei vielen reinen Rassen, gibt es einige gesundheitliche Probleme, die bei Burmakatzen häufiger auftreten können. Ein Verständnis dieser rassespezifischen Krankheiten ist wichtig, um die Gesundheit und das Wohlbefinden Ihrer Burmakatze zu erhalten und potenzielle Probleme frühzeitig zu erkennen.

Diabetes mellitus

Diabetes mellitus, eine Erkrankung, bei der die Regulierung des Blutzuckers gestört ist, tritt bei Burmakatzen häufiger auf als bei vielen anderen Rassen. Die Symptome umfassen vermehrtes Trinken und Wasserlassen, Gewichtsverlust trotz erhöhten Appetits und allgemeine Schwäche. Mit einer frühzeitigen Diagnose und einer geeigneten Behandlung, die in der Regel Insulin-Injektionen und eine spezielle Diät umfasst, kann die Krankheit jedoch gut kontrolliert werden.

Hypokaliämie

Eine weitere Erkrankung, die bei Burmakatzen vermehrt vorkommt, ist die Hypokaliämie, ein Mangel an Kalium im Blut. Diese Erkrankung kann zu Muskelschwäche, Lethargie und manchmal zu einem steifen Gang führen. Hypokaliämie wird oft durch genetische Faktoren verursacht und kann durch eine spezielle Diät oder Kaliumergänzung behandelt werden, wenn sie frühzeitig erkannt wird.

Polyzystische Nierenerkrankung (PKD)

Die Polyzystische Nierenerkrankung (PKD) ist eine genetische Erkrankung, die zur Bildung von Zysten in den Nieren führt. Diese Zysten können die Nierenfunktion im Laufe der Zeit beeinträchtigen und schließlich zu Nierenversagen führen. Bei Burmakatzen kann PKD durch Gentests frühzeitig diagnostiziert werden.

Eine frühzeitige Diagnose ermöglicht es, den Krankheitsverlauf besser zu überwachen und die Lebensqualität der Katze durch diätetische Maßnahmen und regelmäßige tierärztliche Betreuung zu erhalten.

Gingivitis und Zahnprobleme

Burmakatzen sind anfällig für Zahnprobleme, insbesondere Gingivitis (Zahnfleischentzündung). Diese Entzündung des Zahnfleisches kann zu Schmerzen, Mundgeruch und, wenn sie unbehandelt bleibt, zu Zahnverlust führen. Regelmäßige Zahnpflege, einschließlich Zähneputzen und tierärztliche Zahnreinigungen, sind entscheidend, um diese Probleme zu vermeiden.

Atemwegserkrankungen

Aufgrund ihrer flachen Gesichtsanatomie sind Burmakatzen manchmal anfällig für Atemwegserkrankungen, insbesondere wenn sie extrem kurze Nasen (brachyzephal) haben.

Diese Atemwegserkrankungen können von leichten Atembeschwerden bis hin zu schwerwiegenderen Problemen reichen. Einfache Vorsichtsmaßnahmen, wie die Vermeidung von Überhitzung und Stress, können dazu beitragen, diese Probleme zu minimieren.

Hautprobleme

Burmakatzen können auch für Hautprobleme wie Allergien und Dermatitis anfällig sein. Diese können sich in Form von Juckreiz, Hautrötungen oder Haarausfall äußern.

Eine frühzeitige Erkennung und Behandlung dieser Probleme, oft durch eine Anpassung der Ernährung oder den Einsatz von hypoallergenen Produkten, kann helfen, die Symptome zu lindern und das Wohlbefinden der Katze zu verbessern.

Fazit

Obwohl Burmakatzen im Allgemeinen als gesunde und robuste Rasse gelten, ist es wichtig, sich der rassespezifischen Krankheiten bewusst zu sein, die bei ihnen auftreten können.

Regelmäßige tierärztliche Untersuchungen, eine ausgewogene Ernährung und eine aufmerksame Pflege können dazu beitragen, diese gesundheitlichen Herausforderungen zu minimieren und Ihrer Burmakatze ein langes und glückliches Leben zu ermöglichen.

Wenn Sie Anzeichen einer der genannten Erkrankungen bemerken, sollten Sie nicht zögern, Ihren Tierarzt zu konsultieren, um eine frühzeitige Diagnose und Behandlung sicherzustellen.

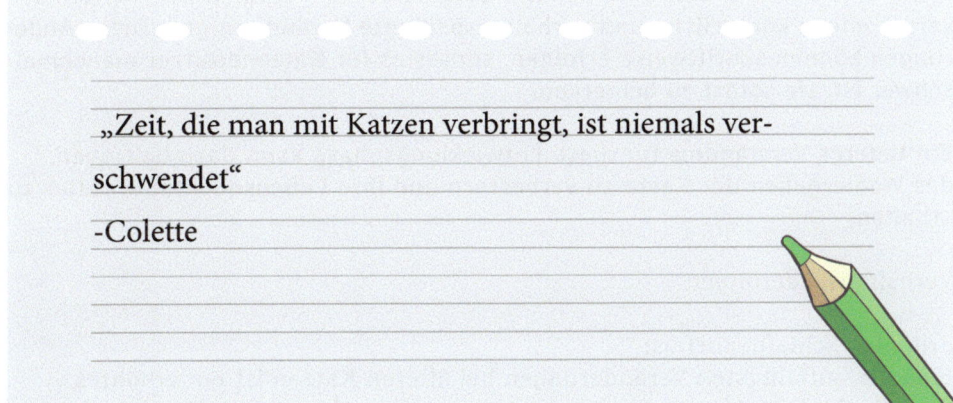

Vorsorge muss sein!

„Zeit, die man mit Katzen verbringt, ist niemals verschwendet"

-Colette

Ihre Burma wird alt.

Wenn eine Katze in die Jahre kommt, durchläuft sie – ähnlich wie Menschen – verschiedene körperliche und verhaltensbedingte Veränderungen. Diese Änderungen können schrittweise erfolgen, sodass es für Katzenbesitzer manchmal schwer ist, sie sofort zu bemerken.

Ein tieferes Verständnis für diese Entwicklungsphase kann dazu beitragen, das Wohlergehen der Katze zu verbessern und ihre Lebensqualität im Alter zu erhalten.

Verhaltensänderungen

Erhöhtes Schlafbedürfnis:
Eine der auffälligsten Veränderungen bei älteren Katzen ist ein erhöhtes Schlafbedürfnis. Katzen, die älter werden, neigen dazu, mehr Zeit mit Ruhen

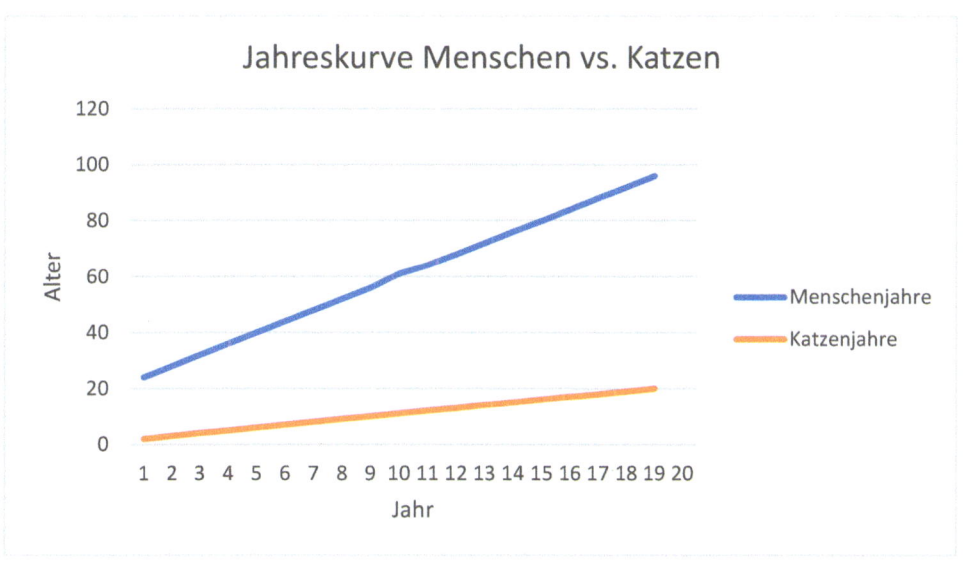

„Die Katze ist das einzige vierbeinige Tier, das dem Menschen eingeredet hat, er müsse es erhalten, es brauche aber dafür nichts zu tun."

- Kurt Tucholsky

und Schlafen zu verbringen, was ein normaler Teil des Alterungsprozesses ist.

Veränderte Interaktion:

Ältere Katzen zeigen möglicherweise ein verändertes Interaktionsverhalten mit ihren Menschen und anderen Haustieren. Einige werden anhänglicher und suchen mehr Nähe, während andere sich zurückziehen und mehr Ruhe bevorzugen.

Desorientierung:

Im Alter können Katzen Anzeichen von Desorientierung zeigen, wie z.B. in die Irre laufen oder Verwirrung über ihre Umgebung. Dies kann auf kognitive Dysfunktion zurückzuführen sein, ein Zustand ähnlich der Demenz bei Menschen.

Körperliche Beschwerden

Beweglichkeit: Arthritis ist eine häufige Alterserscheinung, die die Beweglichkeit einschränkt und Schmerzen verursacht. Anzeichen dafür können Schwierigkeiten beim Springen, Steifheit nach dem Aufstehen oder ein veränderter Gang sein.

Sinnesverlust:

Mit zunehmendem Alter kann die Seh- und Hörkraft nachlassen. Dies kann dazu führen, dass Katzen leichter erschrecken oder nicht mehr so reaktiv auf Umgebungsgeräusche oder visuelle Reize sind.

Chronische Erkrankungen:

Ältere Katzen sind anfälliger für chronische Erkrankungen wie Nierenkrankheiten, Diabetes, Hyperthyreose und Krebs. Symptome können variieren, beinhalten aber oft Veränderungen im Fressverhalten, Gewichtsverlust oder -zunahme, erhöhten Durst und veränderte Urinausscheidung.

Pflege für ältere Katzen

Tierärztliche Betreuung: Regelmäßige veterinärmedizinische Untersuchungen sind für ältere Katzen unerlässlich, um den Gesundheitszustand zu überwachen und frühzeitig auf mögliche Krankheiten zu reagieren. Empfohlen werden halbjährliche Kontrollen.

Angepasste Ernährung:

Die Ernährungsbedürfnisse ändern sich mit dem Alter. Ältere Katzen benötigen möglicherweise Futter mit höherem Nährstoffgehalt, weniger Kalorien und leicht verdauliche Zutaten, um ihr Gewicht zu halten und die Nierenfunktion zu unterstützen.

Komfortable Umgebung:

Stellen Sie sicher, dass Ihre ältere Katze leicht Zugang zu allem hat, was sie benötigt, wie frisches Wasser, das Katzenklo und einen bequemen Ruheplatz. Vermeiden Sie große Veränderungen in ihrer Umgebung, die Stress verursachen könnten.

Schmerzmanagement:

Bei Anzeichen von Schmerz oder Unbehagen sollte ein Tierarzt konsultiert werden, um ein angemessenes Schmerzmanagement zu diskutieren. Dies kann Medikamente, Nahrungsergänzungsmittel oder spezielle Therapien umfassen.

Fazit

Das Alter ist ein natürlicher Prozess, der mit Fürsorge und Verständnis angegangen werden sollte. Indem Sie auf die veränderten Bedürfnisse Ihrer alternden Katze achten, können Sie ihr helfen, ihre goldenen Jahre komfortabel und zufrieden zu verbringen.

Eine liebevolle Pflege, angepasst an die individuellen Bedürfnisse der Katze, ist der Schlüssel zu einem glücklichen Zusammenleben in dieser Lebensphase.

Aktivitäten müssen sein!

Burmakatzen sind für ihr atemberaubendes, wildes Aussehen und ihr lebhaftes, freundliches Wesen bekannt.

Sie zählen zu den aktivsten und menschenorientierten Katzenrassen, die existieren.

Ihre Intelligenz, Spielfreudigkeit und Liebe machen das Zusammenleben mit einer Burmakatze sowohl für die Katze selbst als auch für ihren Menschen zu einem spannenden und bereichernden Erlebnis.

Aktives Spiel

Burmakatzen stehen gerne im Mittelpunkt und interagieren intensiv mit ihren Menschen. Sie zeigen großes Interesse an Spielzeugen, die Bewegung und

Training macht beiden Spaß!

Geräusche imitieren, wie beispielsweise ferngesteuerte Mäuse oder interaktive Bälle.

Diese Spielzeiten stärken nicht nur die Verbindung zwischen Ihnen und Ihrer Katze, sondern sorgen auch für die notwendige physische Aktivität und mentale Stimulation.

Training und Tricks

Dank ihrer außergewöhnlichen Intelligenz können Burmakatzen eine Vielzahl von Tricks und Befehlen lernen. Nutzen Sie ihre Lernwilligkeit für gemeinsame Trainingseinheiten, um Kommandos wie „Sitz" oder „Pfötchen" zu üben.

Diese Aktivitäten fördern nicht nur ihre geistige Beweglichkeit, sondern bieten auch lustige Interaktionsmöglichkeiten für Sie beide.

Leinen-Spaziergänge

Burmakatzen können das Abenteuer eines gesicherten Ausflugs in die Außenwelt genießen.

Ausgestattet mit einem passenden Geschirr und einer Leine, ermöglichen kurze Spaziergänge Ihrer Burmakatze, die Welt außerhalb sicher zu erkunden.

Achten Sie stets darauf, ihre Signale zu beachten, um sicherzustellen, dass sie sich wohl und sicher fühlt.

Klicker-Training

Das Klicker-Training ist eine hervorragende Methode, um Ihrer Burmakatze neue Tricks beizubringen. Die klare, konsistente Kommunikation, die durch das Klick-Geräusch und die anschließende Belohnung entsteht, unterstützt das Lernen durch positive Verstärkung und stärkt Ihre gegenseitige Bindung.

Puzzles und Intelligenzspielzeug

Intelligenzspielzeug, das Ihre Burmakatze herausfordert, Belohnungen zu erspielen, ist eine hervorragende Möglichkeit, ihre Neugier und Problemlösungskompetenzen zu stimulieren. Spiele, die zum Nachdenken anregen, halten sie geistig aktiv und zufrieden.

Gemeinsame Entspannungszeiten

Trotz ihrer spielerischen Natur genießen Burmakatzen auch ruhige Momente der Nähe. Entspannen Sie gemeinsam, indem Sie sie während der Ruhezeiten streicheln oder sanft massieren. Diese ruhigen Momente fördern ein tiefes Vertrauensverhältnis und bieten Ihrer Burmakatze die nötige Entspannung.

Katzenfreundliche Gartenarbeit

Wenn Sie Zugang zu einem Garten oder Balkon haben, gestalten Sie diesen sicher und interessant für Ihre Burmakatze. Pflanzen Sie katzenfreundliche Pflanzen und Kräuter, die sie gefahrlos erkunden kann. Eine sichere Außenumgebung ermöglicht Ihrer Burmakatze, die frische Luft und Sonne zu genießen, was zu ihrem allgemeinen Wohlbefinden beiträgt.

Indem Sie aktive, lehrreiche und entspannende Aktivitäten in das Leben Ihrer Burmakatze integrieren, fördern Sie nicht nur ihre körperliche und geistige Gesundheit, sondern stärken auch die Bindung, die Sie teilen.

Burmakatzen sind außergewöhnliche Begleiter, die mit der richtigen Pflege und Aufmerksamkeit ein erfülltes Leben führen können.

Leinenspaziergänge!

Ein Thema verunsichert die Katzenwelt.

Qualzuchten bei Katzen stellen ein ernstes Tierschutzproblem dar, das durch die Zucht auf extreme körperliche Merkmale gekennzeichnet ist, welche das Wohlbefinden der Tiere beeinträchtigen können.

Solche Zuchtpraktiken können zu gesundheitlichen Problemen führen, die das Leben der Katzen erheblich beeinträchtigen.

Es ist daher von größter Bedeutung, beim Kauf oder der Adoption einer Rassekatze verantwortungsvoll zu handeln und nur qualifizierte, ethisch handelnde Züchter auszuwählen.

Was sind Qualzuchten?

Qualzuchten beziehen sich auf Zuchtpraktiken, die darauf abzielen, extreme physische Merkmale bei Tieren zu fördern, oft auf Kosten ihrer Gesundheit und Lebensqualität.

Bei Katzen können solche Merkmale kurze Schnauzen, übermäßig gefaltete Haut, extrem kurze Beine oder die Züchtung auf ungewöhnliche Fellfarben oder -muster umfassen, die mit genetischen Störungen verbunden sein können.

Gesundheitliche Probleme durch Qualzucht

Katzen, die das Ergebnis von Qualzuchten sind, leiden oft unter chronischen Gesundheitsproblemen, einschließlich, aber nicht beschränkt auf:

Atemprobleme: Rassen mit extrem kurzen Schnauzen (wie einige Perserkatzen) können an Brachyzephalie leiden, die zu Atembeschwerden, Herzproblemen und anderen gesundheitlichen Problemen führen kann.

Hautprobleme: Übermäßige Hautfalten können zu Infektionen und Hautirritationen führen, da sich in den Falten Feuchtigkeit und Bakterien ansammeln können.

Skelettprobleme: Rassen mit extrem kurzen Beinen können an einer Reihe von Skelettproblemen leiden, die Schmerzen und Bewegungseinschränkungen verursachen.

Augenprobleme: Bestimmte Zuchtmerkmale können zu chronischen Augenreizungen oder -infektionen führen.

Die Wichtigkeit qualifizierter Züchter
Die Auswahl eines verantwortungsbewussten Züchters ist entscheidend, um das Risiko von Qualzuchten zu minimieren und die Gesundheit und das Wohlbefinden der Katzen zu gewährleisten.

Qualifizierte Züchter:

Sie folgen ethischen Zuchtpraktiken: Sie züchten nicht auf extreme Merkmale, die das Wohlergehen der Tiere beeinträchtigen könnten.

Sie führen genetische Tests durch: Um genetische Störungen zu vermeiden und gesunde Tiere zu züchten.

Sie sind transparent: Sie sind bereit, potenziellen Käufern ihre Zuchtpraktiken zu erläutern, Gesundheitszertifikate für die Elterntiere vorzulegen und die Lebensbedingungen der Tiere zu zeigen.

Sie bieten Nachsorge: Gute Züchter zeigen ein lebenslanges Interesse am Wohlergehen der von ihnen gezüchteten Tiere und stehen neuen Besitzern mit Rat und Tat zur Seite.

Wie man einen qualifizierten Züchter findet

Recherche: Informieren Sie sich gründlich über die Rasse und spezifische Gesundheitsprobleme. Nutzen Sie seriöse Quellen und sprechen Sie mit Fachleuten.

Vereinigungen und Clubs: Suchen Sie nach Züchtern, die von anerkannten Katzenzüchtervereinigungen oder -clubs akkreditiert sind.

Besuche: Besuchen Sie den Züchter persönlich, um die Lebensbedingungen der Katzen zu sehen und Fragen zur Zuchtpraxis zu stellen.

Referenzen: Fragen Sie nach Referenzen von früheren Käufern und suchen Sie nach Bewertungen oder Erfahrungsberichten.

Die Entscheidung für eine Rassekatze sollte nie leichtfertig getroffen werden.

Qualzuchten stellen nicht nur ein erhebliches Leid für die betroffenen Tiere dar, sondern belasten auch die Besitzer mit den emotionalen und finanziellen Kosten für die Pflege eines chronisch kranken Tieres.

Indem Sie einen verantwortungsbewussten, qualifizierten Züchter auswählen, tragen Sie aktiv zum Tierschutz bei und helfen, die Verbreitung von Qualzuchten zu verhindern.

Es ist wichtig, sich bewusst zu machen, dass die Unterstützung ethischer Zuchtpraktiken nicht nur das Wohlbefinden der Tiere fördert, sondern auch dazu beiträgt, die Rasse langfristig gesund zu erhalten.

Bevor Sie sich für eine Katze entscheiden, sollten Sie sich Zeit nehmen, um über Ihre Entscheidung nachzudenken und sicherzustellen, dass Sie die Ressourcen (Zeit, Geld, Energie) haben, um für das Tier zu sorgen.

Katzen, insbesondere Rassekatzen mit spezifischen Bedürfnissen, erfordern eine langfristige Verpflichtung.

Denken Sie daran, dass es viele Katzen gibt, die in Tierheimen und Rettungs-organisationen auf ein liebevolles Zuhause warten.

Die Adoption einer Katze aus einem Tierheim kann ebenso bereichernd sein und gibt einem Tier die Chance auf ein besseres Leben.

Wenn Sie sich für eine Rassekatze von einem Züchter entscheiden, nehmen Sie sich die Zeit, den Züchter sorgfältig auszuwählen.

Ein guter Züchter wird nicht nur gesunde Tiere züchten, sondern auch darauf bedacht sein, die besten Interessen der Katze und des Käufers zu wahren.

Er wird bereit sein, Ihre Fragen zu beantworten, Sie über die Bedürfnisse der Rasse zu informieren und Unterstützung nach dem Kauf anzubieten.

In der Welt der Katzenzucht gibt es viele engagierte Züchter, die hart daran arbeiten, gesunde, glückliche Tiere zu züchten und dabei strenge ethische Standards einzuhalten.

Indem Sie diese Züchter unterstützen, leisten Sie einen wertvollen Beitrag zum Wohl der Tiere und helfen, die Freude und das Privileg zu bewahren, das Leben mit einer Katze zu teilen.

Abschließend, eine informierte Entscheidung und die Wahl eines verantwor-tungsbewussten Züchters sind entscheidend, um sicherzustellen, dass Ihre Katze ein gesundes, glückliches Leben führt.

Als Katzenbesitzer haben Sie die Möglichkeit, eine positive Rolle im Kampf gegen Qualzuchten zu spielen und das Wohlergehen dieser wunderbaren Be-gleiter zu fördern.

So soll die Burmakatze sein.

Die Burmakatze ist eine Rasse, die durch ihre auffällige Schönheit und ihr charmantes Wesen besticht. Als eine der ältesten und beliebtesten Katzenrassen weltweit hat sie einen klar definierten Rassestandard, der ihre einzigartigen Merkmale festlegt. Dieser Standard dient nicht nur als Leitfaden für Züchter, sondern hilft auch dabei, das typische Aussehen und Verhalten der Burmakatze zu bewahren. Im Folgenden finden Sie eine ausführliche Beschreibung des Rassestandards der Burmakatze.

Allgemeines Erscheinungsbild

Die Burmakatze ist mittelgroß, muskulös und kompakt, wobei sie einen Eindruck von Kraft und Geschmeidigkeit vermittelt. Trotz ihrer kompakten Größe hat sie ein bemerkenswertes Gewicht, was auf ihre muskulöse Struktur zurückzuführen ist. Die Rasse ist bekannt für ihre ausgeprägte Balance und

Proportionen, wobei keine Eigenschaft übermäßig hervorsticht. Diese Katzen haben eine sanfte, dennoch kräftige Erscheinung, die sofort ins Auge fällt.

Kopf

Der Kopf der Burmakatze ist rundlich und gut proportioniert, mit einem breiten, leicht gerundeten Schädel. Die Wangenknochen sind voll, und das Gesicht verjüngt sich sanft zu einem kurzen, stumpfen Keil. Das Profil zeigt eine deutliche Einbuchtung am Nasenrücken, die als „Stop" bezeichnet wird. Die Stirn sollte leicht gewölbt sein, und der Kiefer ist breit, kräftig und gut entwickelt. Das Kinn ist stark und in einer Linie mit der Nase, was dem Gesicht ein markantes und ausdrucksstarkes Profil verleiht.

Augen

Die Augen der Burmakatze sind groß, ausdrucksstark und weit auseinanderliegend. Sie haben eine leicht ovale Form, erscheinen jedoch fast rund, wenn die Katze aufgeregt ist oder sich konzentriert. Die Augenfarbe reicht von Gelb bis hin zu einem tiefen Gold und ist intensiv und leuchtend. Die lebhaften Augen tragen wesentlich zum typischen, offenen und neugierigen Ausdruck der Burmakatze bei.

Ohren

Die Ohren sind mittelgroß, breit an der Basis und an den Spitzen leicht abgerundet. Sie stehen weit auseinander und sind leicht nach vorne geneigt, was dem Gesicht der Burmakatze einen wachsamen und freundlichen Ausdruck verleiht. Die Platzierung der Ohren harmoniert mit den Proportionen des Kopfes und trägt zur Gesamtbalance des Erscheinungsbildes bei.

Körperbau

Die Burmakatze hat einen mittellangen, muskulösen Körper, der gut ausbalanciert und elegant ist. Der Brustkorb ist breit und abgerundet, die Schultern und Hüften sind gleich breit, was der Katze eine kompakte, kräftige Erscheinung verleiht.
Der Rücken ist gerade, und die Katze steht fest auf ihren mittellangen Beinen, die in proportionierten, ovalen Pfoten enden. Die Hinterbeine sind etwas länger als die Vorderbeine, was der Katze eine leichte Erhöhung des Hinterteils verleiht und zu ihrer geschmeidigen Bewegung beiträgt.

Schwanz

Der Schwanz der Burmakatze ist mittellang, gerade und von mittlerer Dicke an der Basis, verjüngt sich jedoch leicht zu einer abgerundeten Spitze. Der Schwanz sollte in der Länge so sein, dass er harmonisch zum Rest des Körpers passt, ohne zu kurz oder zu lang zu wirken.

Fell

Das Fell der Burmakatze ist eines ihrer herausragendsten Merkmale. Es ist kurz, fein und eng anliegend, ohne jegliche Unterwolle. Die Textur des Fells ist seidig und glatt, und es hat einen glänzenden, satinierten Glanz, der die Muskulatur der Katze betont. Das Fell liegt eng am Körper an und fühlt sich weich und geschmeidig an, was es pflegeleicht macht.

Farben

Der Rassestandard der Burmakatze erlaubt eine Vielzahl von Farben, die jedoch alle eine gleichmäßige und intensive Färbung aufweisen sollten. Die klassischen Farben sind:

Sable (Braun): Ein tiefes, warmes Braun, das die ursprüngliche Farbe der Burmakatze darstellt.

Champagne: Ein sanftes, warmes Beige, das heller als Sable ist.

Blue: Ein weiches, stahlblaues Grau, das kühl und elegant wirkt.

Platinum (Lilac): Ein zartes, silbriges Grau mit einem leichten Hauch von Rosé.

Alle Farbtöne sollten gleichmäßig über den gesamten Körper verteilt sein, ohne Flecken oder Schattierungen. Die Augen- und Nasenumrandungen sollten den Fellfarben entsprechen und die insgesamt harmonische Erscheinung der Katze unterstützen.

Temperament

Neben dem äußeren Erscheinungsbild legt der Rassestandard auch Wert auf das typische Verhalten der Burmakatze. Diese Katzen sind für ihre freundliche, menschenbezogene und gesellige Art bekannt. Sie sind neugierig, verspielt und oft sehr anhänglich, ohne aufdringlich zu sein.

Tolle Tiere!

Burmakatzen sind intelligent und lernen schnell, was sie zu wunderbaren Begleitern macht, die sowohl aktiv als auch ruhig und liebevoll sein können.

Fazit

Der Rassestandard der Burmakatze ist darauf ausgelegt, die Balance zwischen Schönheit und Charakter zu bewahren. Mit ihrem eleganten Aussehen, ihrer muskulösen Statur und ihrem bezaubernden Wesen verkörpert die Burmakatze die perfekte Kombination aus Anmut und Zuneigung. Diese Rasse ist nicht nur optisch ansprechend, sondern auch durch ihr liebevolles und geselliges Temperament ein wunderbarer Begleiter für Katzenliebhaber auf der ganzen Welt.

TASSO e.V. und FindeFix sind zwei führende Organisationen in Deutschland, die sich auf die Registrierung und das Auffinden verlorener Haustiere spezialisieren.

Beide bieten wertvolle Dienstleistungen an, um vermisste Tiere wieder mit ihren Besitzern zu vereinen, und ergänzen sich in ihren Bemühungen, das Wohlergehen von Haustieren zu fördern.

TASSO e.V.

TASSO e.V. ist Europas größtes Haustierregister mit Millionen registrierter Tiere. Die Organisation bietet einen kostenlosen Service zur Registrierung von Haustieren, die mit einem Mikrochip oder einer Tätowierung gekennzeichnet sind.
TASSO arbeitet daran, verlorene Tiere zu identifizieren und sie sicher zu ihren Besitzern zurückzubringen. Dies wird durch eine umfangreiche Datenbank ermöglicht, in der die Identifikationsnummern der Mikrochips oder Tätowierungen zusammen mit den Kontaktdaten der Besitzer gespeichert sind.
Zusätzlich bietet TASSO einen 24-Stunden-Notfall-Service, eine verlorene-und-gefundene-Datenbank und verschiedene Informationskampagnen zum Thema Tierregistrierung und -schutz.

FindeFix - Das Haustierregister des Deutschen Tierschutzbundes

FindeFix ist eine Initiative des Deutschen Tierschutzbundes und dient ebenfalls der Registrierung von Haustieren, vor allem von Hunden und Katzen.

Ähnlich wie TASSO verwendet auch FindeFix die Mikrochip-Technologie, um verlorene Haustiere zu identifizieren und zu ihren Besitzern zurückzuführen.

Die Registrierung bei FindeFix ist ebenfalls kostenlos.

Neben der zentralen Registrierungsdienstleistung bietet FindeFix Informationen und Unterstützung für Haustierbesitzer, darunter Ratschläge für den Fall des Verlusts eines Haustieres.

Zusammenfassung und Bedeutung

Sowohl TASSO als auch FindeFix spielen eine entscheidende Rolle im Tierschutz in Deutschland.

Durch die Bereitstellung von Registrierungs- und Rückführungsdiensten tragen sie dazu bei, die Sicherheit von Haustieren zu erhöhen und das Leid von verlorenen Tieren und ihren Besitzern zu verringern.

Die Registrierung bei solchen Organisationen ist ein wichtiger Schritt für verantwortungsbewusste Haustierbesitzer. Sie erhöht die Wahrscheinlichkeit, dass ein verlorenes Tier schnell und sicher nach Hause zurückkehrt.

Diese Organisationen ergänzen die Arbeit von lokalen Tierheimen und Tierschutzvereinen und bilden ein wichtiges Netzwerk zum Schutz und zur Fürsorge für Haustiere.

Die Dienste von TASSO und FindeFix sind beispielhaft für moderne Ansätze im Tierschutz und in der Tierregistrierung, die darauf abzielen, das Wohlergehen von Haustieren zu gewährleisten und die Bindung zwischen Tieren und ihren Besitzern zu stärken.

Hat Ihnen dieses Buch gefallen?

Hallo zum Schluß, liebe Leserin und lieber Leser!

Wenn Sie mein Buch vom Anfang bis hier her gelesen haben, waren das jetzt 170 Seiten, die Sie studiert und mir dabei erlaubt haben, Sie dabei zu begleiten. Das macht mich unglaublich stolz und ich hoffe, Sie hatten Spaß beim Lesen und konnten wichtige Informationen für Sie ganz persönlich umsetzen.

Natürlich hätte ich dieses Buch niemals alleine herausgeben können, ein fleissiges und total Katzen verrücktes Team hat mir bei vielen Dingen wie den Fotos, dem Layout, der Grafik und vielem mehr geholfen - es handelt sich also um das Ergebnis einer einzigartigen und freundschaftlichen Teamarbeit.

Wenn Ihnen etwas nicht gefallen hat, schreiben Sie mir doch bitte und lassen es mich wissen: kornelia.schneider@catanddogbooks.com

Und wenn Ihnen die letzten 170 Seiten eine angenehme, kurzweilige Zeit beschert haben und meine Tipps Ihnen helfen konnten, empfehlen Sie dieses Buch doch bitte weiter. Ich freue mich über jede einzelne neue Leserin und jeden einzelnen neuen Leser!

Erlauben Sie mir eine kleine Bitte zum Schluß: Wenn Ihre Zeit es zulässt, hinterlassen Sie doch bitte eine nette Rezension auf amazon oder dort, wo Sie es gekauft haben, für dieses Buch. Wir freien Autoren haben keinen mächtigen Großverlag hinter uns. Um auf dem großen Buchmarkt bestehen zu können, sind es vor allem die Rezensionen bei amazon + Co., die den „kleinen" Schreibern und dem Team im Hintergrund helfen.

Auch ein Posting in den sozialen Netzwerken wäre natürlich toll!

Dafür danke ich Ihnen ganz herzlich!

Alles Gute für Sie und Ihre Katze,

Ihre Kornelia Schneider & Team!